华章 IT

大数据技术丛书

BigData Processing with Spark, Druid, Flume and Kafka

企业大数据处理

Spark、Druid、Flume与Kafka应用实践

肖冠宇◎著

机械工业出版社
China Machine Press

图书在版编目（CIP）数据

企业大数据处理：Spark、Druid、Flume 与 Kafka 应用实践 / 肖冠宇著 . 一北京：机械工业出版社，2017.9
（大数据技术丛书）

ISBN 978-7-111-57922-9

I. 企… II. 肖… III. 企业管理 – 数据处理 IV. F272.7

中国版本图书馆 CIP 数据核字（2017）第 212182 号

企业大数据处理
Spark、Druid、Flume 与 Kafka 应用实践

出版发行：机械工业出版社（北京市西城区百万庄大街 22 号 邮政编码：100037）

责任编辑：何欣阳　　　　　　　　　　　　　　责任校对：李秋荣

印　　刷：北京市荣盛彩色印刷有限公司　　　　版　　次：2017 年 9 月第 1 版第 1 次印刷

开　　本：186mm×240mm　1/16　　　　　　　印　　张：13.75

书　　号：ISBN 978-7-111-57922-9　　　　　　定　　价：59.00 元

凡购本书，如有缺页、倒页、脱页，由本社发行部调换

客服热线：（010）88379426　88361066　　　　投稿热线：（010）88379604

购书热线：（010）68326294　88379649　68995259　　读者信箱：hzit@hzbook.com

　　我写本书的初衷是将自己在企业工作中应用的技术归纳总结，系统地将大数据处理相关技术融合在一起，给已经从事大数据相关技术研发工作的朋友，或是准备从其他行业转行进入大数据领域学习相关技术的朋友提供一份参考资料。希望本书能够帮助更多从事大数据相关工作的人，也希望通过本书结识更多热爱大数据的朋友。

　　目前，大数据已不只停留在概念阶段，而是在各领域成功落地，并取得了丰硕的成果。大数据已经渗透到生活中的各个方面，距离我们最近且与我们生活息息相关的大数据项目有交通大数据、医疗大数据、金融大数据、社交媒体大数据、互联网大数据等。如此多的大数据项目能够成功落地，关键原因在于数据来源的多样化，数据量的爆发式增长，新兴技术的快速发展，以及市场创新需求的不断增多，这为各种大数据项目提供了庞大的数据源，通过多种技术的综合应用，可不断挖掘出大数据背后的社会价值和商业价值。

　　随着开源社区的不断发展，越来越多的优秀项目被开源，以处理各种大数据场景下的问题和挑战。作为目前大数据生态系统内的早期开源项目，Hadoop 在廉价机器上实现了分布式数据存储和高性能分布式计算，大大降低了数据存储和计算成本。Hadoop 提供的分布式存储系统 HDFS、大数据集并行计算编程模型 MapReduce、资源调度框架 YARN 已经被广泛应用，为大数据生态系统的发展奠定了坚实的基础。如今，Hadoop 大数据生态圈发展已经非常全面，涉及领域众多，在大数据处理系统中常用的技术框架包括数据采集、数据存储、数据分析、数据挖掘、批处理、实时流计算、数据可视化、监控预警、信息安全等。下图展示了大数据生态系统内比较流行并且已经在生产环境验证过的开源技术。

　　（1）Spark

　　Spark 是由加州大学伯克利分校 AMP 实验室开源的分布式大规模数据处理通用引擎，具有高吞吐、低延时、通用易扩展、高容错等特点。Spark 内部提供了丰富的开发库，集成了数据分析引擎 Spark SQL、图计算框架 GraphX、机器学习库 MLlib、流计算引擎 Spark Streaming。

Spark 在函数式编程语言 Scala 中实现，提供了丰富的开发 API，支持 Scala、Java、Python、R 等多种开发语言。同时，它提供了多种运行模式，既可以采用独立部署的方式运行，也可以依托 Hadoop YARN、Apache Mesos 等资源管理器调度任务运行。目前，Spark 已经在金融、交通、医疗、气象等多种领域中广泛使用。

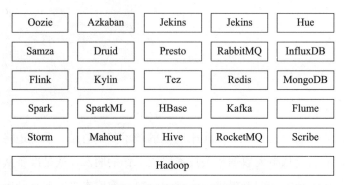

大数据生态系统中的开源技术

（2）Druid

Druid 是由美国 MetaMarkets 公司创建并开源的分布式提供海量时序数据存储、支持实时多维数据分析的 OLAP 系统，主要应用于广告数据分析、网络系统监控等场景。Druid 具有高吞吐、易扩展、高容错、低延迟、按时间序列存储等特点。

（3）Flume

Flume 是由 Cloudera 公司开发的分布式、高可用的日志收集系统，是 Hadoop 生态圈内的关键组件之一，目前已开源给 Apache。Flume 的原始版本为 Flume-OG，经过对整体架构的重新设计，现已改名为 Flume-NG。Flume 发展到现在已经不局限于日志收集，还可以通过简单的配置收集不同数据源的海量数据并将数据准确高效地传输到不同的中心存储。目前 Flume 可对接的主流大数据框架有 Hadoop、Kafka、ElasticSearch、Hive、HBase 等。在使用 Flume 的过程中，通过配置文件就可以实现整个数据收集过程的负载均衡和故障转移，而不需要修改 Flume 的任何代码。得益于优秀的框架设计，Flume 通过可扩展、插件化、组合式、高可用、高容错的设计模式，为用户提供了简单、高效、准确的轻量化大数据采集工具。

（4）Kafka

Kafka 是由 LinkedIn 开源的分布式消息队列，能够轻松实现高吞吐、可扩展、高可用，并且部署简单快速、开发接口丰富。目前，各大互联网公司已经在生产环境中广泛使用，而且已经有很多分布式处理系统支持使用 Kafka，比如 Spark、Strom、Druid、Flume 等。

（5）InfluxDB

InfluxDB 是一款开源分布式时序数据库，非常适合存储监控系统收集的指标数据。时序数据库顾名思义就是按照时间顺序存储指标数据，即监控系统的场景大部分是按照时间顺序存储各项指标数据，过期时间太长的指标可能将不会再关注，所以为了提高数据库的存储率，提高查询性能，需要定期删除过期指标。InfluxDB 的诸多特性非常适合监控系统的使用场景。

本书将详细介绍上述技术的原理，通过实践演示每种技术的实际应用场景。希望通过理论与实践相结合的方式使内容更通俗易懂，帮助读者根据实际的业务场景选择合适的技术方案，相信大数据在未来的发展中还会创造更多的价值。

内容概述

本书分三部分展开介绍：

第一部分（第 1 章）主要介绍了企业大数据系统的前期准备工作，包括如何构建企业大数据处理系统的软件环境和集群环境。

第二部分（第 2 ~ 7 章）首先介绍了 Spark 的基本原理，Spark 2.0 版本的 Spark SQL、Structured Streaming 原理和使用方法，以及 Spark 的多种优化方式；然后，介绍了 Druid 的基本原理、集群的搭建过程、数据摄入过程，以及在查询过程中如何实现 Druid 查询 API；接着介绍了日志收集系统 Flume 的基本架构和关键组件，以及分层日志收集架构的设计与实践；最后介绍了分布式消息队列 Kafka 的基本架构和集群搭建过程，以及使用 Java 语言实现客户端 API 的详细过程。

第三部分（第 8 ~ 9 章）主要介绍了企业大数据处理的两个实际应用案例，分别是基于 Druid 构建多维数据分析平台和基于 JMX 指标的监控系统。

目标读者

本书适合从事大数据及相关工作的工程师阅读，也适合准备进入大数据领域的大数据爱好者学习、参考。

读者反馈

本书是在业余时间完成的，由于水平有限，编写时间仓促，书中可能会出现介绍不够详细或者有错误的地方，敬请读者谅解。如果遇到任何问题或者寻求技术交流都可以通过如下联系方式与笔者进行沟通。

大数据爱好者交流 QQ 群：124154694

个人邮箱：xiaoguanyu_java@163.com

致谢

感谢在本书的写作过程中帮助过笔者的朋友、同事、老师，感谢你们一次又一次的帮助和支持！

感谢机械工业出版社杨福川老师，本书从 2016 年 6 月份开始筹划，确定了基本的框架，虽然由于笔者个人原因导致写作速度缓慢，但是杨老师一直积极推动本书的出版，并且不断指导笔者写作，感谢杨老师给予的理解、帮助与支持。感谢机械工业出版社编辑李艺老师，李艺老师用严谨的工作态度为本书做了专业的编辑工作，并且耐心指导笔者完成了本书的编写工作。

感谢乐视智能中心大数据部的同事们，感谢他们在工作中帮助笔者分担工作任务；感谢上级领导的耐心指导，使笔者能够顺利地完成工作任务并腾出时间进行写作。在此特别感谢技术总监罗宏宇、技术经理陆松林、刘韦宏、姚会航、张迪等。

感谢家人在工作和生活中对笔者的帮助和照顾。感谢父母，平时因工作原因很少回家看望，但他们一直在背后支持我、鼓励我。感谢妻子为家庭和工作的付出。家人的陪伴与支持是笔者不断学习、努力奋斗的强大后盾！

Contents 目　　录

第一部分 *Part 1*

准备工作

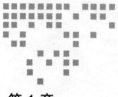

第 1 章

基础环境准备

1.1 软件环境准备

软件版本选择：

操作系统：CentOS 6.6 版本；JDK：1.7 版本；Maven：3.2 版本；Scala：2.10 版本。

所有软件安装目录：/data/soft。

确定了软件版本后，我们将具体介绍软件的安装，本节主要介绍基础的软件安装方式。

1. JDK 安装

JDK 是 Java Development Kit 的简称，为 Java 语言开发的程序提供开发工具包和运行环境。JDK 安装的步骤如下：

（1）下载 JDK 二进制安装包

```
wget http://download.oracle.com/otn-pub/java/jdk/7u15-b03/jdk-7u15-linux-x64.tar.gz
```

（2）解压安装

```
tar -zxvf jdk-7u15-linux-x64.tar.gz
```

（3）创建软连接

软连接相当于快捷方式，便于后续版本更新升级。

```
ls -s /data/soft/jdk-7u15-linux-x64 /usr/local/jdk
```

（4）配置环境变量

```
vim /etc/profile
```

```
export JAVA_HOME=/usr/local/jdk
export JRE_HOME=$JAVA_HOME/jre
exportCLASSPATH=.:$JAVA_HOME/lib/dt.jar:$JAVA_HOME/lib/tools.jar
                :$JRE_HOME/lib:$CLASSPATH
export PATH=$PATH: $JAVA_HOME/bin
```

刷新环境变量使其生效：`source /etc/profile`

（5）验证安装是否成功

查看 JDK 版本命令：`java -version`

2. Maven 安装

Maven 是 Apache 开源的一个目前比较流行的项目管理和整合工具，能够自动完成项目的构建，并根据配置文件自动下载依赖组件，提供代码编译、打包、发布等功能。下面介绍 Maven 的详细安装过程。

Maven 安装的步骤如下：

（1）下载 Maven 二进制安装包

```
wget http://mirror.bit.edu.cn/apache/maven/maven-3/3.3.9/binaries/
apache-maven-3.3.9-bin.tar.gz
```

（2）解压安装

```
tar -zxvf apache-maven-3.3.9-bin.tar.gz
```

（3）创建软连接

软连接相当于快捷方式，便于后续版本更新升级。

```
ls -s/data/soft/apache-maven-3.3.9-bin /usr/local/maven
```

（4）配置环境变量

```
vim /etc/profile
export M2_HOME=/usr/local/maven
export PATH=$PATH: $JAVA_HOME/bin:$M2_HOM/bin
```

刷新环境变量使其生效：`source /etc/profile`

（5）验证安装是否成功

查看 Maven 版本命令：`mvn -version`

3. Scala 安装

Scala 编程语言是一种面向对象的函数式编程语言，充分展现了函数式编程语言简约、高效的特点，在程序开发的过程中可以引入 Java 语言，可扩展性强。由于 Scala 具有很多优秀的特性，越来越多的开源项目使用 Scala 语言开发，比如 Spark、Kafka 等。下面详细介绍 Scala 开发环境的安装过程。

Scala 安装的步骤如下：

（1）下载 JDK 二进制安装包

```
wget http://downloads.lightbend.com/scala/2.10.6/scala-2.10.6.tgz
```

（2）解压安装

```
tar -zxvf scala-2.10.6.tgz
```

（3）创建软连接

软连接相当于快捷方式，便于后续版本更新升级。

```
ls -s /data/soft/scala-2.10.6 /usr/local/scala
```

（4）配置环境变量

```
vim /etc/profile
export SCALA_HOME=/usr/local/scala
export PATH=$PATH: $JAVA_HOME/bin:$M2_HOM/bin:$SCALA_HOME/bin
```

刷新环境变量使其生效：`source /etc/profile`

（5）验证安装是否成功

查看 scala 版本命令：`scala-version`

1.2 集群环境准备

1.2.1 Zookeeper 集群部署

Zookeeper 是大数据系统中常用的分布式框架，主要用于公共配置管理、集群资源一致性管理、状态管理、部分分布式系统 Leader 选举等，下面通过完全分布式搭建方式进行介绍。

1. 集群规划

由于 Zookeeper 采用 FastLeaderElection 算法选举 Leader，集群中过半的机器正常运行才能够成功选举 Leader，为保证集群正常运行，集群部署的节点数为奇数个，最少节点个数为 3，生产环境建议部署 5 个以上的奇数个节点，因为 3 个实例其中只要有一个实例不可用，整个 Zookeeper 集群将无法成功选举，仍然不可以提供服务。

2. 部署过程

本例将以三个节点的部署为例，分别在 192.168.1.1、192.168.1.2、192.168.1.3 三台服务器部署一个 Zookeeper 实例。详细部署过程如下：

（1）下载安装包并解压

```
wget http://apache.fayea.com/zookeeper/zookeeper-3.4.6/zookeeper-3.4.6.tar.gz
```

解压到 /data/soft 目录下：

```
tar -zxvf http://apache.fayea.com/zookeeper/zookeeper-3.4.6/zookeeper-3.4.6.tar.gz
```

```
-C /data/soft
```

（2）创建软连接

创建软连接便于以后升级版本，方便统一管理。

```
ls -s /data/soft/zookeeper-3.4.6. /usr/local/zookeeper
```

（3）设置环境变量

```
vim /etc/profile
export ZOOKEEPER_HOME=/usr/local/zookeeper
export PATH=$PATH：$JAVA_HOME/bin:$M2_HOM/bin:$SCALA_HOME/bin
              ：$ZOOKEEPER_HOME/bin
```

刷新环境变量使其生效：`Source/etc/profile`

（4）配置

进入到 Zookeeper 安装目录：`cd /usr/local/zookeeper`

拷贝一份 conf 目录下的配置文件，重命名为 zoo.cfg：`cp ./conf/zoo_sample.cfg ./conf/zoo.cfg`

编辑配置文件设置关键参数：

```
tickTime=2000
initLimit=5
syncLimit=3
dataDir=/data/zookeeper/data
dataLogDir=/usr/local/zookeeper/logs
clientPort=2181
server.1=192.168.1.1:2888:3888
server.2=192.168.1.2:2888:3888
server.3=192.168.1.3:2888:3888
```

关键参数说明：

❑ tickTime：Zookeeper 中的基础参考时间，所有与时间相关的设置都为 tickTime 时间的整数倍，单位是毫秒。

❑ initLimit：Zookeeper Leader 与 Follower 初始连接时，Follower 需要从 Leader 同步最新数据，该值表示 Follower 同步数据的最大超时时间，一般为整数，表示是 tickTime 的整数倍时间。

❑ syncLimit：Leader 和 Follower 之间心跳检测的最大超时时间，超过这个时间则认为 Follower 已经下线。该参数值为整数，表示是 tickTime 的整数倍时间。

❑ dataDir：Zookeeper 持久化数据目录，建议与安装路径不在同一个路径下。

❑ dataLogDir：日志文件目录。

❑ clientPort：监听客户端连接的端口号，默认值为 2181。

❑ server.X=A:B:C。其中 X 是一个数字，表示这是第几号 server；A 是该 server 所在

的 IP 地址；B 配置该 server 和集群中的 leader 交换消息所使用的端口；C 配置选举 leader 时所使用的端口。

（5）创建 myid 文件

在配置参数 dataDir 对应的路径下新建 myid 文件，写入单独的一个数字，表示集群中该实例的编号，该值在集群中是唯一值，不可以重复，数字必须和 zoo.cfg 配置文件中的 server.X 中的 X 一一对应。

（6）启动 Zookeeper

```
bin/zkServer.sh start
```

（7）验证安装是否成功

bin/zkServer.sh status（一个 leader，两个 follower）

或者在 Zookeeper 安装的任何一个节点执行客户端连接命令：

```
bin/zkCli.sh -server 192.168.1.1:2181
```

1.2.2 Hadoop 部署

1. Hadoop 简介

Apache Hadoop 是由著名的 Apache 基金会开源的分布式存储计算系统，能够在廉价的硬件上轻松实现高可靠、高扩展、高性能、高容错等特性。通过增加机器即可直线增加集群的存储和计算能力。Hadoop 在大规模分布式系统中起着重要的作用，目前已经形成一套完整的 Hadoop 生态系统，并且在不断发展扩大。随着 Hadoop 生态系统的不断发展，Hadoop 已应用到互联网、大数据交通、智能医疗、气象监测、金融服务、人工智能等众多领域。

HDFS（Hadoop Distributed File System，Hadoop 分布式文件系统）：通过对文件分块多备份分布式存储的方式保证数据具有高效的容错能力，并且有效提高数据的吞吐量。

MapReduce：应用于规模分布式计算的编程模型，该模型包含 Map 和 Reduce 两种编程原语。Map 阶段常用于接入数据源，数据划分、过滤、整理等操作。Reduce 阶段常用于接收 Map 阶段的数据，聚合计算，持久化结果数据。

YARN：作业调度和集群资源管理框架。目前已经有很多开源项目部署到 YARN 上运行，将 YARN 作为统一的作业调度和资源管理框架，如 Spark、HBase、Tez 等。

2. Hadoop 集群部署

本节主要介绍 Hadoop2.6.4 版本的 Hadoop 集群部署。

1. 集群规划

为保证集群的高可用能力，NameNode 和 ResourceManager 都采用 HA 部署方式，各组件详细分布情况如表 1-1 所示。

表 1-1 Hadoop 集群规划

主机名	IP	运行进程
hadoop01、nn1、rm1	192.168.1.1	NameNode、DataNode、JournalNode、DFSZKFailoverController ResourceManager、NodeManager JobHistory Server QuorumPeerMain
hadoop02、nn2、rm2	192.168.1.2	NameNode、DataNode、JournalNode、DFSZKFailoverController ResourceManager、NodeManager QuorumPeerMain
hadoop03	192.168.1.3	DataNode、JournalNode NodeManager QuorumPeerMain

2. 部署过程

（1）SSH 免密码登录

使用 root 用户登录进入到 .ssh 目录下

```
cd ~/.ssh
```

执行 ssh-keygen -t rsa 生成公钥和私钥。系统会一直提示信息，一直按回车就可以。生成私钥文件 id_rsa，公钥文件 id_rsa.pub，认证文件 authorized_keys。

将公钥文件内容追加到认证文件中

```
cat ~/.ssh/id_rsa.pub >> ~/.ssh/authorized_keys
```

在免密码登录的机器之间互相拷贝公钥然后追加到认证文件中，即可完成 SSH 免密码登录配置。

（2）创建 hadoop 用户和组

```
groupadd hadoop
useradd -m -g hadoophadoop
```

（3）下载安装包并解压

先安装 hadoop01，然后将配置好的安装包拷贝到其他节点。

```
wget http://www.apache.org/dyn/closer.cgi/hadoop/common/hadoop-2.6.5/hadoop-2.6.5.tar.gz
```

解压到指定目录 /data/soft/ 下

```
tar -zxvf hadoop-2.6.5.tar.gz-C /data/soft/
```

（4）创建软连接并修改属主为 hadoop

创建软连接便于以后升级版本，方便统一管理。

```
ln -s /data/soft/ hadoop-2.6.5 /usr/local/hadoop
```

```
chown -R hadoop:hadoop /usr/local/hadoop
```

（5）设置环境变量

```
vim /etc/profile
export HADOOP_HOME=/usr/local/hadoop
export PATH=$PATH: $JAVA_HOME/bin:$M2_HOM/bin:$SCALA_HOME/bin
              : $ZOOKEEPER_HOME/bin:$ HADOOP_HOME/bin
```

刷新环境变量使其生效

```
source /etc/profile
```

（6）设置配置文件

a）HDFS 相关的配置文件 core-site.xml 和 hdfs-site.xml。

core-site.xml 配置信息如下：

```
<configuration>
    <!-- 指定 hdfs 的 nameservice 为 ns1 -->
    <property>
        <name>fs.defaultFS</name>
        <value>hdfs://ns1</value>
    </property>
    <!-- 指定 hadoop 临时目录 -->
    <property>
        <name>hadoop.tmp.dir</name>
        <value>/usr/local/hadoop/tmp</value>
    </property>
    <!-- 指定 zookeeper 地址 -->
    <property>
        <name>ha.zookeeper.quorum</name>
        <value>hadoop01:2181,hadoop02:2181,hadoop03:2181</value>
    </property>
</configuration>
```

hdfs-site.xml 配置信息如下：

```
<configuration>
    <!-- 指定 hdfs 的 nameservice 为 ns1，需要和 core-site.xml 中的保持一致 -->
    <property>
        <name>dfs.nameservices</name>
        <value>ns1</value>
    </property>
    <!-- ns1 下面有两个 NameNode，分别是 nn1，nn2 -->
    <property>
        <name>dfs.ha.namenodes.ns1</name>
        <value>nn1,nn2</value>
    </property>
    <!-- nn1 的 RPC 通信地址 -->
```

```xml
<property>
    <name>dfs.namenode.rpc-address.ns1.nn1</name>
    <value>hadoop01:9000</value>
</property>
<!-- nn1 的 http 通信地址 -->
<property>
    <name>dfs.namenode.http-address.ns1.nn1</name>
    <value>hadoop01:50070</value>
</property>
<!-- nn2 的 RPC 通信地址 -->
<property>
    <name>dfs.namenode.rpc-address.ns1.nn2</name>
    <value>hadoop02:9000</value>
</property>
<!-- nn2 的 http 通信地址 -->
<property>
    <name>dfs.namenode.http-address.ns1.nn2</name>
    <value>hadoop02:50070</value>
</property>
<!-- 指定 NameNode 的元数据在 JournalNode 上的存放位置 -->
<property>
    <name>dfs.namenode.shared.edits.dir</name>
    <value>
        qjournal://hadoop01:8485;hadoop02:8485;hadoop03:8485/ns1
    </value>
</property>
<!-- 指定 JournalNode 在本地磁盘存放数据的位置 -->
<property>
    <name>dfs.journalnode.edits.dir</name>
    <value>/usr/local/hadoop/journal</value>
</property>
<!-- 开启 NameNode 失败自动切换 -->
<property>
    <name>dfs.ha.automatic-failover.enabled</name>
    <value>true</value>
</property>
<!-- 配置失败自动切换实现方式 -->
<property>
    <name>dfs.client.failover.proxy.provider.ns1</name>
    <value>org.apache.hadoop.hdfs.server.namenode.ha
            .ConfiguredFailoverProxyProvider
    </value>
</property>
<!-- 配置隔离机制 -->
<property>
    <name>dfs.ha.fencing.methods</name>
    <value>sshfence</value>
</property>
<!-- 使用隔离机制时需要 ssh 免登陆 -->
<property>
```

```
      <name>dfs.ha.fencing.ssh.private-key-files</name>
      <value>/root/.ssh/id_rsa</value>
  </property>
  <!--导致 DN 停止工作的坏硬盘最大数，默认 0 就是只要有 1 个硬盘坏了，DN 就会 shutdown -->
  <property>
      <name>dfs.datanode.failed.volumes.tolerated</name>
      <value>2</value>
  </property>
  <!--Block 块副本数为 3 -->
  <property>
      <name>dfs.replication</name>
      <value>3</value>
  </property>
  <!-- fsimage 和 edit 文件存储路径 -->
  <property>
      <name>dfs.namenode.name.dir</name>
      <value>/data/hadoop/data1/dfs/name</value>
  </property>
  <!-- 数据存储物理路径，可以配置多块盘 -->
  <property>
      <name>dfs.datanode.data.dir</name>
      <value>/data/hadoop/data1/dfs/data,/data/hadoop/data2/dfs/data </value>
  </property>
  <!-- block 块大小 512M-->
  <property>
      <name>dfs.block.size</name>
      <value>536870912</value>
  </property>
</configuration>
```

向 slaves 文件添加 datanode/nodemanager 节点的 hostname：

```
hadoop01
hadoop02
hadoop03
```

b）YARN 相关配置文件。

yarn-site.xml 配置信息如下：

```
<configuration>
    <!-- 开启 ResourceManager HA -->
    <property>
        <name>yarn.resourcemanager.ha.enabled</name>
        <value>true</value>
    </property>
    <!-- 开启 ResourceManager 失败自动切换 -->
    <property>
        <name>yarn.resourcemanager.ha.automatic-failover.enabled</name>
        <value>true</value>
    </property>
```

```
<!--RM 失败后正在运行的任务在 RM 恢复之后重新启动  -->
<property>
    <name>yarn.resourcemanager.recovery.enabled</name>
    <value>true</value>
</property>
<!-- 运行 ResourceManager 的两个节点  -->
<property>
    <name>yarn.resourcemanager.ha.rm-ids</name>
    <value>rm1,rm2</value>
</property>
<!-- 当应用程序未指定队列名时，指定用户名作为应用程序所在的队列名  -->
<property>
    <name>yarn.scheduler.fair.user-as-default-queue</name>
    <value>true</value>
</property>
<!-- RM 状态信息存储方式  -->
<property>
    <name>yarn.resourcemanager.store.class</name>
    <value>org.apache.hadoop.yarn.server.resourcemanager.recovery
        .ZKRMStateStore
    </value>
</property>
<property>
    <name>yarn.resourcemanager.cluster-id</name>
    <value>yarn-ha</value>
</property>
<property>
    <name>yarn.resourcemanager.hostname.rm1</name>
    <value>rm1</value>
</property>
<!-- RM1 HTTP Web 访问地址  -->
<property>
    <name>yarn.resourcemanager.webapp.address.rm1</name>
    <value>${yarn.resourcemanager.hostname.rm1}:8088</value>
</property>
<property>
    <name>yarn.resourcemanager.hostname.rm2</name>
    <value>rm2</value>
</property>
<!-- RM2 HTTP Web 访问地址  -->
<property>
    <name>yarn.resourcemanager.webapp.address.rm2</name>
    <value>${yarn.resourcemanager.hostname.rm2}:8088</value>
</property>
<!-- NodeManger 节点可使用的总内存大小  -->
<property>
    <name>yarn.nodemanager.resource.memory-mb</name>
    <value>81920</value>
</property>
<!-- NodeManger 节点可使用的总 vcore 数量  -->
```

```xml
<property>
    <name>yarn.nodemanager.resource.cpu-vcores</name>
    <value>10</value>
</property>
<!-- Zookeeper 链接地址，为了容错应配置多个 -->
<property>
    <name>yarn.resourcemanager.zk-address</name>
    <value>hadoop01:2181,hadoop02:2181,hadoop03:2181</value>
</property>
<!-- NM 本地任务运行日志存储路径 -->
<property>
    <name>yarn.nodemanager.log-dirs</name>
    <value>file:///data/hadoop/data1/yarn/log
            ,file:///data/hadoop/data2/yarn/log
    </value>
</property>
<!-- ApplicationMaster 占用的内存大小 -->
<property>
    <name>yarn.app.mapreduce.am.resource.mb</name>
    <value>2048</value>
</property>
<!-- 单个任务可申请的最少物理内存量 -->
<property>
    <name>yarn.scheduler.minimum-allocation-mb</name>
    <value>1024</value>
</property>
<!-- 单个任务可申请的最多物理内存量 -->
<property>
    <name>yarn.scheduler.maximum-allocation-mb</name>
    <value>8192</value>
</property>
<!-- 单个任务可申请的最少 vcore 量 -->
<property>
    <name>yarn.scheduler.minimum-allocation-vcores</name>
    <value>1</value>
</property>
<!-- 单个任务可申请的最多 vcore 量 -->
<property>
    <name>yarn.scheduler.maximum-allocation-vcores</name>
    <value>10</value>
</property>
<!-- 开启日志聚合到 HDFS-->
<property>
    <name>yarn.log-aggregation-enable</name>
    <value>true</value>
</property>
<!-- 聚合日志保存时长，单位秒 -->
<property>
    <name>yarn.log-aggregation.retain-seconds</name>
    <value>259200</value>
</property>
```

```
<!-- 聚合日志 HDFS 存储路径 -->
<property>
    <name>yarn.nodemanager.remote-app-log-dir</name>
    <value>/data/hadoop/yarn-logs</value>
</property>
<!-- 使用公平调度器 -->
<property>
    <name>yarn.resourcemanager.scheduler.class</name>
    <value>org.apache.hadoop.yarn.server.resourcemanager.scheduler.fair
        .FairSchedule
    </value>
</property>
<!-- 使用公平调度器配置文件路径 -->
<property>
    <name>yarn.scheduler.fair.allocation.file</name>
    <value>/usr/local/hadoop/etc/hadoop/fair-scheduler.xml</value>
</property>
</configuration>
```

mapred-site.xml 配置信息如下：

```
<configuration>
    <!--History Server 配置 -->
    <property>
        <name>mapreduce.jobhistory.address</name>
        <value>hadoop01:10020</value>
    </property>
    <property>
        <name>mapreduce.jobhistory.webapp.address</name>
        <value>hadoop01:19888</value>
    </property>
    <property>
        <name>mapreduce.jobhistory.joblist.cache.size</name>
        <value>200000</value>
    </property>
    <!--MapReduce 作业运行在 Yarn 上 -->
    <property>
        <name>mapreduce.framework.name</name>
        <value>yarn</value>
    </property>
    <property>
        <name>mapreduce.map.memory.mb</name>
        <value>1024</value>
    </property>
    <property>
        <name>mapreduce.reduce.memory.mb</name>
        <value>8192</value>
    </property>
    <property>
        <name>mapreduce.map.java.opts</name>
        <value>-Xmx1700m -Xms900m</value>
```

```
    </property>
    <property>
        <name>mapreduce.reduce.java.opts</name>
        <value>-Xmx7168m -Xms3000m</value>
    </property>
    <property>
        <name>mapreduce.client.submit.file.replication</name>
        <value>20</value>
    </property>
    <!--
        默认情况下是 user.name, 即每个用户独自一个 pool; group.name, 即一个 linux group
        一个 pool, mapred.job.queue.name, 即一个 queue 一个 pool。
    -->
    <property>
        <name>mapred.fairscheduler.poolnameproperty</name>
        <value>group.name</value>
    </property>
</configuration>
```

fair-scheduler.xml 公平调度策略配置信息如下（按组分配不同的内存和 vcore 资源）：

```
<allocations>
    <pool name="group1">
    <maxResources>50000 mb,10 vcores</maxResources>
    <maxRunningApps>10</maxRunningApps>
    <weight>1.0</weight>
    <schedulingPolicy>fair</schedulingPolicy>
    </pool>
    <pool name="group1">
    <maxResources>80000 mb, 20 vcores</maxResources>
    <maxRunningApps>20</maxRunningApps>
    <weight>1.0</weight>
    <schedulingPolicy>fair</schedulingPolicy>
    </pool>
    <userMaxAppsDefault>99</userMaxAppsDefault>
    <queuePlacementPolicy>
    <rule name="primaryGroup" create="false" />
    <rule name="secondaryGroupExistingQueue" create="false" />
    <rule name="reject"/>
    </queuePlacementPolicy>
</allocations>
```

将配置好的 hadoop 拷贝到其他节点：

```
scp -r /data/soft/hadoop-2.6.5 hadoo02: /data/soft/
scp -r/data/soft/hadoop-2.6.5 hadoo03: /data/soft/
```

（7）集群启动

从 root 用户切换到 hadoop 用户：

```
su - hadoop
```

启动 journalnode（在 hadoop01 上启动所有 journalnode）：

```
cd /usr/local/hadoop
sbin/hadoop-daemons.sh start journalnode
```

jps 验证，后台进程增加 JournalNode 进程。

格式化 HDFS：

在 hadoop01 上执行命令：`hadoop namenode -format`

格式化后会根据在 core-site.xml 中的 hadoop.tmp.dir 配置生成一个文件，拷贝该文件到另外一个 NameNode 节点 hadoop02 的 /usr/local/hadoop/tmp 目录下：

```
scp -r /usr/local/hadoop/tmp/ hadoop02:/usr/local/hadoop/
```

格式化 ZK（在 hadoop01 上执行即可）：

```
hdfs zkfc -formatZK
```

启动 HDFS（在 hadoop01 上执行）：

```
sbin/start-dfs.sh
```

启动 YARN（在 hadoop01 上执行）：

```
sbin/start-yarn.sh
```

Hadoop 部署完成后在各个节点中使用 jps 命令查看各组件进程是否运行正常。如果发现有问题则查看日志进行排查。

（8）可以通过浏览器访问查看

http://192.168.1.1:50070

页面显示：NameNode 'hadoop01:9000' (active)

http://192.168.1.2:50070

页面显示：NameNode 'hadoop02:9000' (standby)

http://192.168.1.1:8088

1.3　小结

本章主要介绍了构建基础环境所需要软件的安装方法，目前使用的大部分开源软件依赖于 JVM，使用较为广泛的开发语言为 Java.Scala，而源码编译普遍使用 Maven 工具。Hadoop 目前已经可以作为大数据应用系统的基础系统，提供分布式数据存储、集中式资源调度、大规模分布式计算等功能。通过本章的学习初步构建了一套大数据应用系统的基础环境。

第二部分 *Part 2*

核心技术

Spark 详解

2.1 Spark 概述

Spark 是由加州大学伯克利分校 AMP 实验室开源的分布式大规模数据处理通用引擎，具有高吞吐、低延时、通用易扩展、高容错等特点。Spark 内部提供了丰富的开发库，集成了数据分析引擎 Spark SQL、图计算框架 GraphX、机器学习库 MLlib、流计算引擎 Spark Streaming。Spark 在函数式编程语言 Scala 中实现，提供了丰富的开发 API，支持 Scala、Java、Python、R 等多种开发语言。同时，Spark 提供了多种运行模式，既可以采用独立部署的方式运行，也可以依托 Hadoop YARN、Apache Mesos 等资源管理器调度任务运行。目前，Spark 已经在金融、交通、医疗、气象等多种领域中广泛使用。

2.1.1 Spark 概述

1. 核心概念介绍

Spark 架构示意图如图 2-1 所示，下面将分别介绍各核心组件。

Client：客户端进程，负责提交作业。

Driver：一个 Spark 作业有一个 Spark Context，一个 Spark Context 对应一个 Driver 进程，作业的 main 函数运行在 Driver 中。Driver 主要负责 Spark 作业的解析，以及通过 DAGScheduler 划分 Stage，将 Stage 转化成 TaskSet 提交给 TaskScheduler 任务调度器，进而调度 Task 到 Executor 上执行。

Executor：负责执行 Driver 分发的 Task 任务。集群中一个节点可以启动多个 Executor，每一个 Executor 可以执行多个 Task 任务。

Catche：Spark 提供了对 RDD 不同级别的缓存策略，分别可以缓存到内存、磁盘、外部分布式内存存储系统 Tachyon 等。

Application：提交的一个作业就是一个 Application，一个 Application 只有一个 Spark Context。

Job：RDD 执行一次 Action 操作就会生成一个 Job。

Task：Spark 运行的基本单位，负责处理 RDD 的计算逻辑。

Stage：DAGScheduler 将 Job 划分为多个 Stage，Stage 的划分界限为 Shuffle 的产生，Shuffle 标志着上一个 Stage 的结束和下一个 Stage 的开始。

TaskSet：划分的 Stage 会转换成一组相关联的任务集。

RDD（Resilient Distributed Dataset）：弹性分布式数据集，可以理解为一种只读的分布式多分区的数组，Spark 计算操作都是基于 RDD 进行的，下面会有详细介绍。

DAG（Directed Acyclic Graph）：有向无环图。Spark 实现了 DAG 的计算模型，DAG 计算模型是指将一个计算任务按照计算规则分解为若干子任务，这些子任务之间根据逻辑关系构建成有向无环图。

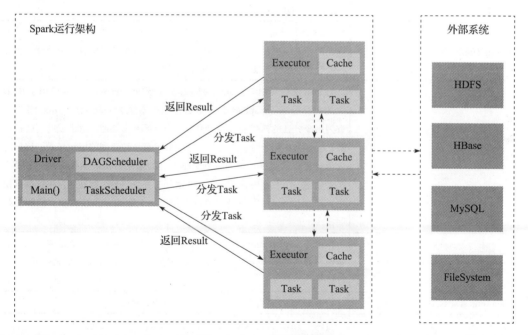

图 2-1 Spark 架构示意图

2. RDD 介绍

RDD 从字面上理解有些困难，我们可以认为是一种分布式多分区只读的数组，Spark 计算操作都是基于 RDD 进行的。RDD 具有几个特性：只读、多分区、分布式，可以将 HDFS

块文件转换成 RDD，也可以由一个或多个 RDD 转换成新的 RDD，失效自动重构。基于这些特性，RDD 在分布式环境下能够被高效地并行处理。

（1）计算类型

在 Spark 中 RDD 提供 Transformation 和 Action 两种计算类型。Transformation 操作非常丰富，采用延迟执行的方式，在逻辑上定义了 RDD 的依赖关系和计算逻辑，但并不会真正触发执行动作，只有等到 Action 操作才会触发真正执行操作。Action 操作常用于最终结果的输出。

常用的 Transformation 操作如表 2-1 所示。

表 2-1 常用的 Transformation 操作及其描述

函数名称	描 述
map (func)	接收一个处理函数并行处理源 RDD 中的每个元素，返回与源 RDD 元素一一对应的新 RDD
filter (func)	并行处理源 RDD 中的每个元素，接收一个处理函数，并根据定义的规则对 RDD 中的每个元素进行过滤处理，返回处理结果为 true 的元素重新组成新的 RDD
flatMap (func)	flatMap 是 map 和 flatten 的组合操作，与 map 函数相似，不过 map 函数返回的新 RDD 包含的元素可能是嵌套类型，flatMap 接收一个处理嵌套会将嵌套类型的元素展开映射成多个元素组成新的 RDD
mapPartitions (func)	与 map 函数应用于 RDD 中的每个元素不同，mapPartitions 应用于 RDD 中的每个分区。mapPartitions 函数接收的参数为 func 函数，func 接收参数为每个分区的迭代器，返回值为每个分区元素处理之后组成的新的迭代器，func 会作用于分区中的每一个元素。有一种典型的应用场景，比如待处理分区中的数据需要写入到数据库，如果使用 map 函数，每一个元素都会创建一个数据库连接对象，非常耗时并且容易引起问题发生，如果使用 mapPartitions 函数只会在分区中创建一个数据库连接对象，性能提高明显
mapPartitionsWithIndex(func)	作用与 mapPartitions 函数相同，只是接收的参数 func 函数需要传入两个参数，分区的索引作为第一个参数传入，按照分区的索引对分区中元素进行处理
union (otherDataset)	将两个 RDD 进行合并，返回结果为 RDD 中元素（不去重）
intersection (otherDataset)	对两个 RDD 进行取交集运算，返回结果为 RDD 无重复元素
distinct ([numTasks]))	对 RDD 中元素去重
groupByKey ([numTasks])	在 KV 类型的 RDD 中按 Key 分组，将相同 Key 的元素聚集到同一个分区内，此函数不能接收函数作为参数，只接收一个可选参数任务数，所以不能在 RDD 分区本地进行聚合计算，如需按 Key 对 Value 聚合计算，只能对 groupByKey 返回的新 RDD 继续使用其他函数运算

（续）

函数名称	描　述
reduceByKey (func, [numTasks])	对 KV 类型的 RDD 按 Key 分组，接收两个参数，第一个参数为处理函数，第二个参数为可选参数设置 reduce 的任务数。reduceByKey 函数能够在 RDD 分区本地提前进行聚合运算，这有效减少了 shuffle 过程传输的数据量。相对于 groupByKey 函数更简洁高效
aggregateByKey (zeroValue)(seqOp, combOp)	对 KV 类型的 RDD 按 Key 分组进行 reduce 计算，可接收三个参数，第一个参数是初始化值，第二个参数是分区内处理函数，第三个参数是分区间处理函数
sortByKey ([ascending], [numTasks])	对 KV 类型的 RDD 内部元素按照 Key 进行排序，排序过程会涉及 Shuffle
join (otherDataset, [numTasks])	对 KV 类型的 RDD 进行关联，只能是两个 RDD 之间关联，超过两个 RDD 关联需要使用多次 join 函数，join 函数只会关联出具有相同 Key 的元素，相当于 SQL 语句中的 inner join
cogroup (otherDataset, [numTasks])	对 KV 类型的 RDD 进行关联，cogroup 处理多个 RDD 关联比 join 更加优雅，它可以同时传入多个 RDD 作为参数进行关联，产生的新 RDD 中的元素不会出现笛卡尔积的情况，使用 fullOuterJoin 函数会产生笛卡尔积
coalesce (numPartitions)	对 RDD 重新分区，将 RDD 中的分区数减小到参数 numPartitions 个，不会产生 shuffle。在较大的数据集中使用 filer 等过滤操作后可能会产生多个大小不等的中间结果数据文件，重新分区并减小分区可以提高作业的执行效率，是 Spark 中常用的一种优化手段
repartition (numPartitions)	对 RDD 重新分区，接收一个参数——numPartitions 分区数，是 coalesce 函数设置 shuffle 为 true 的一种实现形式
repartitionAndSortWithinPartitions (partitioner)	接收一个分区对象（如 Spark 提供的分区类 HashPartitioner）对 RDD 中元素重新分区并在分区内排序

常用的 Action 操作如表 2-2 所示。

表 2-2　常用的 Action 操作及其描述

函数名称	描　述
reduce(func)	处理 RDD 两两之间元素的聚集操作
collect()	返回 RDD 中所有数据元素
count()	返回 RDD 中元素个数
first()	返回 RDD 中的第一个元素
take(n)	返回 RDD 中的前 n 个元素
saveAsTextFile(path)	将 RDD 写入文本文件，保存至本地文件系统或者 HDFS 中
saveAsSequenceFile(path)	将 KV 类型的 RDD 写入 SequenceFile 文件，保存至本地文件系统或者 HDFS 中
countByKey()	返回 KV 类型的 RDD 每个 Key 包含的元素个数
foreach(func)	遍历 RDD 中所有元素，接收参数为 func 函数，常用操作是传入 println 函数打印所有元素

从 HDFS 文件生成 Spark RDD，经过 map、filter、join 等多次 Transformation 操作，最终调用 saveAsTextFile Action 操作将结果集输出到 HDFS，并以文件形式保存。RDD 的流转过程如图 2-2 所示。

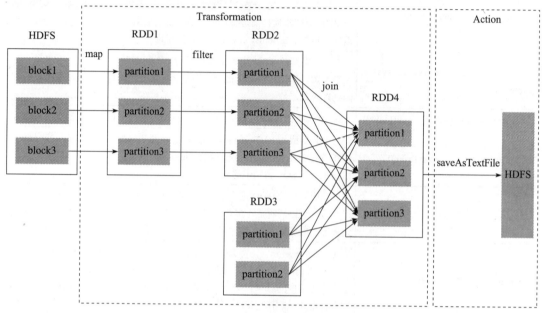

图 2-2　RDD 的流转过程示意图

（2）缓存

在 Spark 中 RDD 可以缓存到内存或者磁盘上，提供缓存的主要目的是减少同一数据集被多次使用的网络传输次数，提高 Spark 的计算性能。Spark 提供对 RDD 的多种缓存级别，可以满足不同场景对 RDD 的使用需求。RDD 的缓存具有容错性，如果有分区丢失，可以通过系统自动重新计算。

在代码中可以使用 persist() 方法或 cache() 方法缓存 RDD。cache() 方法默认将 RDD 缓存到内存中，cache() 方法和 persist() 方法都可以用 unpersist() 方法来取消 RDD 缓存。示例如下：

```
val fileDataRdd = sc.textFile("hdfs://data/hadoop/test.text")
fileDataRdd.cache()              // 缓存 RDD 到内存
```

或者

```
fileDataRdd.persist(StorageLevel.MEMORY_ONLY)
fileDataRdd..unpersist()         // 取消缓存
```

Spark 的所有缓存级别定义在 org.apache.spark.storage.StorageLevel 对象中，如下所示。

```
object storageLevel extends scala.AnyRef with scala.Serializable {
```

```
val NONE : org.apache.spark.storage.StorageLevel
val DISK_ONLY : org.apache.spark.storage.StorageLevel
val DISK_ONLY_2 : org.apache.spark.storage.StorageLevel
val MEMORY_ONLY : org.apache.spark.storage.StorageLevel
val MEMORY_ONLY_2 : org.apache.spark.storage.StorageLevel
val MEMORY_ONLY_SER : org.apache.spark.storage.StorageLevel
val MEMORY_ONLY_SER_2 : org.apache.spark.storage.StorageLevel
val MEMORY_AND_DISK : org.apache.spark.storage.StorageLevel
val MEMORY_AND_DISK_2 : org.apache.spark.storage.StorageLevel
val MEMORY_AND_DISK_SER : org.apache.spark.storage.StorageLevel
val MEMORY_AND_DISK_SER_2 : org.apache.spark.storage.StorageLevel
val OFF_HEAP : org.apache.spark.storage.StorageLevel
```

各种缓存级别的详细描述如表 2-3 所示。

表 2-3　Spark 各缓存级别及其描述

缓存级别	描　　述
MEMORY_ONLY	RDD 仅缓存一份到内存，此为默认级别
MEMORY_ONLY_2	将 RDD 分别缓存在集群的两个节点上，RDD 在集群内存中保存两份
MEMORY_ONLY_SER	将 RDD 以 Java 序列化对象的方式缓存到内存中，有效减少了 RDD 在内存中占用的空间，不过读取时会消耗更多的 CPU 资源
DISK_ONLY	RDD 仅缓存一份到磁盘
MEMORY_AND_DISK	RDD 仅缓存一份到内存，当内存中空间不足时会将部分 RDD 分区缓存到磁盘
MEMORY_AND_DISK_2	将 RDD 分别缓存在集群的两个节点上，当内存中空间不足时会将部分 RDD 分区缓存到磁盘，RDD 在集群内存中保存两份
MEMORY_AND_DISK_SER	将 RDD 以 Java 序列化对象的方式缓存到内存中，当内存中空间不足时会将部分 RDD 分区缓存到磁盘，有效减少了 RDD 在内存中占用的空间，不过读取时会消耗更多的 CPU 资源
OFF_HEAP	将 RDD 以序列化的方式缓存到 JVM 之外的存储空间 Tachyon 中，与其他缓存模式相比，减少了 JVM 垃圾回收开销。Spark 执行程序失败不会导致数据丢失，Spark 与 Tachyon 已经能较好地兼容，使用起来方便稳定

（3）依赖关系

窄依赖（Narrow Dependency）：父 RDD 的分区只对应一个子 RDD 的分区，如图 2-3 所示，如果子 RDD 只有部分分区数据损坏或者丢失，只需要从对应的父 RDD 重新计算恢复。

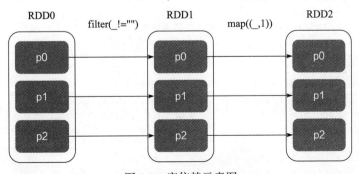

图 2-3　窄依赖示意图

宽依赖（Shuffle Dependency）：子 RDD 分区依赖父 RDD 的所有分区，如图 2-4 所示。如果子 RDD 部分分区甚至全部分区数据损坏或丢失，需要从所有父 RDD 重新计算，相对窄依赖而言付出的代价更高，所以应尽量避免宽依赖的使用。

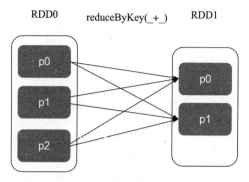

图 2-4　宽依赖示意图

Lineage：每个 RDD 都会记录自己依赖的父 RDD 信息，一旦出现数据损坏或者丢失将从父 RDD 迅速重新恢复。

3. 运行模式

Spark 运行模式主要有以下几种：

1）Local 模式：本地采用多线程的方式执行，主要用于开发测试。

2）On Yarn 模式：Spark On Yarn 有两种模式，分别为 yarn-client 和 yarn-cluster 模式。yarn-client 模式中，Driver 运行在客户端，其作业运行日志在客户端查看，适合返回小数据量结果集交互式场景使用。yarn-cluster 模式中，Driver 运行在集群中的某个节点，节点的选择由 YARN 调度，作业日志通过 yarn 管理名称查看：yarn logs -applicationId <app ID>，也可以在 YARN 的 Web UI 中查看，适合大数据量非交互式场景使用。

提交作业命令：

```
./bin/spark-submit --class package.MainClass \   # 作业执行主类，需要完成的包路径
    --master spark://host:port, mesos://host:port, yarn, or local\Maste
                                    # 运行方式
    ---deploy-mode client,cluster\  # 部署模式，如果 Master 采用 YARN 模式则可以选择使用
                                      clent 模式或者 cluster 模式，默认 client 模式
    --driver-memory 1g \            # Driver 运行内存，默认 1G
    ---driver-cores 1 \             # Driver 分配的 CPU 核个数
    --executor-memory 4g \          # Executor 内存大小
    --executor-cores 1 \            # Executor 分配的 CPU 核个数
    ---num-executors \              # 作业执行需要启动的 Executor 数
    ---jars \                       # 作业程序依赖的外部 jar 包，这些 jar 包会从本地上传到
                                      Driver 然后分发到各 Executor classpath 中。
    lib/spark-examples*.jar \       # 作业执行 JAR 包
[other application arguments ]      # 程序运行需要传入的参数
```

作业在 yarn-cluster 模式下的执行过程如图 2-5 所示。

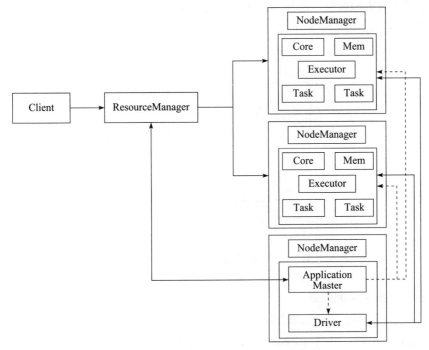

图 2-5　作业在 yarn-cluster 模式下的执行过程

1）Client 在任何一台能与 Yarn 通信的入口机向 Yarn 提交作业，提交的配置中可以设置申请的资源情况，如果没有配置则将采用默认配置。

2）ResourceManager 接收到 Client 的作业请求后，首先检查程序启动的 ApplicationMaster 需要的资源情况，然后向资源调度器申请选取一个能够满足资源要求的 NodeManager 节点用于启动 ApplicationMaster 进程，ApplicationMaster 启动成功之后立即在该节点启动 Driver 进程。

3）ApplicationMaster 根据提交作业时设置的 Executor 相关配置参数或者默认配置参数与 ResourceManager 通信领取 Executor 资源信息，并与相关 NodeManager 通信启动 Executor 进程。

4）Executor 启动成功之后与 Driver 通信领取 Driver 分发的任务。

5）Task 执行，运行成功输出结果。

2.1.2　Shuffle 详解

Shuffle 最早出现于 MapReduce 框架中，负责连接 Map 阶段的输出与 Reduce 阶段的输入。Shuffle 阶段涉及磁盘 IO、网络传输、内存使用等多种资源的调用，所以 Shuffle 阶段的执行效率影响整个作业的执行效率，大部分优化也都是针对 Shuffle 阶段进行的。Spark 是实现了 MapReduce 原语的一种通用实时计算框架。Spark 作业中 Map 阶段的 Shuffle 称为

Shuffle Write，Reduce 阶段的 Shuffle 称为 Shuffle Read。Shuffle Write 阶段会将 Map Task 中间结果数据写入到本地磁盘，而在 Shuffle Read 阶段中，Reduce Task 从 Shuffle Write 阶段拉取数据到内存中并行计算。Spark Shuffle 阶段的划分方式如图 2-6 所示。

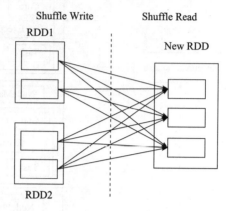

图 2-6　Spark Shuffle 阶段的划分方式

1. Shuffle Write 实现方式

（1）基于 Hash 的实现（hash-based）

每个 Map Task 都会生成与 Reduce Task 数据相同的文件数，对 Key 取 Hash 值分别写入对应的文件中，如图 2-7 所示。生成的文件数 FileNum=MapTaskNum × ReduceTaskNum，如果 Map Task 和 Reduce Task 数都比较多就会生成大量的小文件，写文件过程中，每个文件都要占用一部分缓冲区，总占用缓冲区大小 TotalBufferSize=CoreNum × ReduceTaskNum × FileBufferSize，大量的小文件就会占用更多的缓冲区，造成不必要的内存开销，同时，大量的随机写操作会大大降低磁盘 IO 的性能。

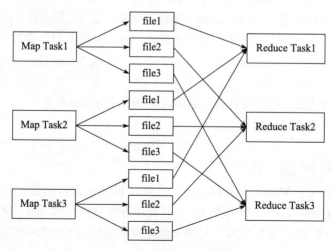

图 2-7　基于 Hash 的实现方式

由于简单的基于 Hash 的实现方式扩展性较差，内存资源利用率低，过多的小文件在文件拉取过程中增加了磁盘 IO 和网络开销，所以需要对基于 Hash 的实现方式进行进一步优化，为此引入了 Consolidate（合并）机制。如图 2-8 所示，将同一个 Core 中执行的 Task 输出结果写入到相同的文件中，生成的文件数 FileNum=CoreNum × ReduceTaskNum，这种优化方式减少了生成的文件数目，提高了磁盘 IO 的吞吐量，但是文件缓存占用的空间并没有减少，性能没有得到明显有效的提高。

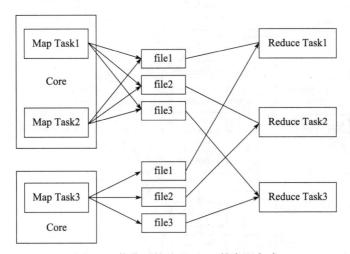

图 2-8　优化后的基于 Hash 的实现方式

设置方式

代码中设置：conf.get("spark.shuffle.manager", "hash")

配置文件中设置：在 conf/spark-default.conf 配置文件中添加 spark.shuffle.managerhash

基于 Hash 的实现方式的优缺点：

优点：实现简单，小数量级数据处理操作方便。

缺点：产生小文件过多，内存利用率低，大量的随机读写造成磁盘 IO 性能下降。

（2）基于 Sort 的实现方式（sort-based）

为了解决基于 Hash 的实现方式的诸多问题，Spark Shuffle 引入了基于 Sort 的实现方式，如图 2-9 所示。该方式中每个 Map Task 任务生成两个文件，一个是数据文件，一个是索引文件，生成的文件数 FileNum=MapTaskNum × 2。数据文件中的数据按照 Key 分区在不同分区之间排序，同一分区中的数据不排序，索引文件记录了文件中每个分区的偏移量和范围。当 Reduce Task 读取数据时，先读取索引文件找到对应的分区数据偏移量和范围，然后从数据文件读取指定的数据。

设置方式

代码中设置：conf.get("spark.shuffle.manager", "sort")

配置文件中设置：在 conf/spark-default.conf 配置文件中添加 spark.shuffle.manager sort

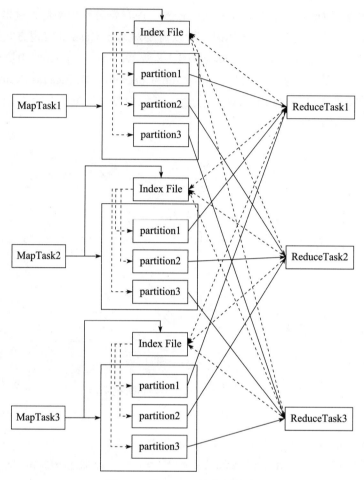

图 2-9 基于 Sort 的实现方式

基于 Sort 的实现方式的优缺点：

优点：顺序读写能够大幅提高磁盘 IO 性能，不会产生过多小文件，降低文件缓存占用内存空间大小，提高内存使用率。

缺点：多了一次粗粒度的排序。

2. Shuffle Read 实现方式

Shuffle Read 阶段中 Task 通过直接读取本地 Shuffle Write 阶段产生的中间结果数据或者通过 HTTP 的方式从远程 Shuffle Write 阶段拉取中间结果数据进行处理。Shuffle Write 阶段基于 Hash 和基于 Sort 两种实现方式产生的中间结果数据在 Shuffle Read 阶段采用同一种实现方式。

1）获取需要拉取的数据信息，根据数据本地性原则判断采用哪种级别的拉取方式。

2）判断是否需要在 Map 端聚合（reduceByKey 会在 Map 端预聚合）。

3）Shuffle Read 阶段 Task 拉取过来的数据如果涉及聚合或者排序，则会使用 HashMap 结构在内存中存储，如果拉取过来的数据集在 HashMap 中已经存在相同的键则将数据聚合在一起。此时涉及一个比较重要的参数——spark.shuffle.spill，决定在内存被写满后是否将数据以文件的形式写入到磁盘，默认值为 true，如果设置为 false，则有可能会发生 OOM 内存溢出的风险，建议开启。

4）排序聚合之后的数据以文件形式写入磁盘将产生大量的文件内数据有序的小文件，将这些小文件重新加载到内存中，随后采用归并排序的方式合并为一个大的数据文件。

2.2　Spark SQL

Spark SQL 是 Spark 的重要组成模块，也是目前大数据生产环境中使用最广泛的技术之一，主要用于结构化数据处理。Spark 目前已经发布了 2.X 版本，Spark SQL 的性能也在不断优化提升。Spark SQL 的 API 设计简洁高效，使用简单方便，可以与 Hive 表直接进行交互，并且支持 JDBC/ODBC 连接。Spark 先后引入了 DataFrame 和 DataSet 两种数据结构，以便更加高效地处理各种数据。

2.2.1　SparkSession

Spark 2.0 引入了 SparkSession，用于在 Spark SQL 开发过程中初始化上下文，为用户提供统一的入口。用户可以通过 SparkSession API 直接创建 DataFrame 和 DataSet。Spark 2.0 之前版本初始化上下文需要创建 SparkContext、SQLContext、HiveContext、SparkConf，从 Spark 2.0 版本开始不再需要之前复杂的操作，所有的运行时参数设置、获取都可以通过 conf 方法实现。conf 方法返回 RuntimeConfig 对象，RuntimeConfig 对象包含 Spark、Hadoop 等运行时的配置信息。

Spark 2.0 之前版本 SQLContext 创建方式如下：

```
val sparkConf = new SparkConf().setAppName("Word Count ")
val sc = new SparkContext(sparkConf)
val sqlContext = new SQLContext(sc)
```

SparkSession 创建方式如下：

```
val sparkSession= SparkSession.builder()
    .appName("Word Count")//Application 名称
    .config("spark.some.config.option", "some-value")
    .getOrCreate()
```

Spark 2.0 之前版本支持 Hive 的 HiveContext 创建方式如下：

```
val sparkConf = new SparkConf().setAppName("HiveFromSpark")
val sc = new SparkContext(sparkConf)
```

```
val hiveContext = new org.apache.spark.sql.hive.HiveContext(sc)
```

使用 enableHiveSupport 支持 Hive 的 SparkSession 创建方式如下：

```
val sparkSession= SparkSession.builder()
    .appName("Spark Hive Example")
    .config("spark.sql.warehouse.dir", warehouseLocation)
    .enableHiveSupport()
    .getOrCreate()
```

如果在环境中已经创建过 SparkSession，使用如下方式获取已经存在的 SparkSession：

```
SparkSession.builder().getOrCreate()
```

SparkSession 的 conf 方法返回 RuntimeConfig 对象，可以通过 RuntimeConfig 对象的 set（或 get）方法设置（或获取）Spark 运行时的参数。

设置一个 Executor 进程执行 Task 占用的内存为 4G：

```
sparkSession.conf.set("spark.executor.memory","4g")
val configMap : Map[String,String] = sparkSession.conf.getAll
configMap.foreach{case(k,v)=>println(k + "->" + v)}
```

打印出的运行时参数信息如下：

```
spark.driver.host->192.168.1.1
spark.driver.port->64678
hive.metastore.warehouse.dir->file:/D: /spark2.1pro/spark-warehouse/
spark.some.config.option->some-value
spark.app.name->spark session test
spark.executor.id->driver
spark.master->local
spark.executor.memory->4g
spark.app.id->local-1488292626346
```

从代码中可以看出 SparkSession 没有显式地创建 SparkContext、SQLContext、SparkConf 对象，因为 SparkSession 内部进行了封装，对用户完全透明。SparkSession 提供了对 Hive 大部分功能的内置支持，包括使用 HiveQL 查询、使用自定义的 UDF 函数、读取表元数据等。

想了解更多关于 SparkSession 的操作请参考官方文档：

http://spark.apache.org/docs/latest/api/scala/index.html#org.apache.spark.sql.SparkSession。

2.2.2 DataFrame

在 Spark 1.3 之前版本中，用户使用 Spark SQL 时需要直接操作 RDD API，学习成本相对较高，代码结构相对复杂，为了提高任务执行性能，用户还需要掌握一些调优手段。Spark 从 1.3 版本引入 DataFrame，DataFrame 是一种带有 Schema 元信息的分布式数据集，类似于传统数据库中的二维表，定义有字段名称和类型，用户可以像操作数据库表一样使用 DataFrame。DataFrame 的开发 API 简洁高效，代码结构清晰，并且 Spark 针对 DataFrame 的操作进行了丰富的优化。DataFrame 支持 Java、Scala、Python 等多种开发语言，不论是专业的开发人员，还是数据分析人员都可以轻松地使用 DataFrame 处理结构化数据。Spark 2.0 开发 API 向下兼容，老版本的 API 依然可以使用，建议在 Spark 2.X 环境下使用新的 API。

1. 创建 DataFrame

SparkSession 可以通过 RDD 转换、读取 Hive 表、读取不同格式（例如 TXT、JSON、Parquet）文件数据、通过 JDBC 连接数据库表等方式创建 DataFrame。下面通过案例介绍 DataFrame 不同的创建方式，之后的案例除了需要重新创建 SparkSession 外统一使用 sparkSession 作为 SparkSession 的实例。

1）通过读取指定路径文件的方式创建 DataFrame，SparkSession 支持读取多种文件格式，如：TXTFile、JSONFile、ParquetFile、CSVFile 等常用文件格式。

读取 HDFS 指定路径下的 JSON 文件创建 DataFrame：

```
val jsonDF = sparkSession.read.json("hdfs://datasource/data.json")
```

加载 HDFS 指定路径下的 CSV 文件格式化为 CSV 格式并创建 DataFrame：

```
val csvDF = sparkSession.read.format("csv").load("hdfs://datasource.csv")
```

通过加载文件格式指定类型创建 DataFrame 的方式等价于 sparkSession.read.csv(filePath) 创建方式。

读取 HDFS 指定路径下的 Parquet 文件创建 DataFrame：

```
val parquetDF = sparkSession.read.parquet("hdfs://datasource/data.parquet")
```

2）通过 RDD 转换成 DataFrame，需要引入 spark.implicits 包进行隐式转换。

data.txt 文件的每一行包含城市、点击量、曝光量三个字段值，字段之间用逗号隔开。定义 AdData 类有三个变量：city（城市）类型为字符型，click（点击量）类型为长整形，pv（曝光量）类型为长整型，分别与 data.txt 每行数据的字段值一一对应。SparkSession 通过读取数据文件生成 RDD 转换成 DataFrame。

```
// 通过反射将类属性映射为 DataFrame 的 Schema
case class AdData(city: String, click: Long,pv:Long,)
import spark.implicits._
val rddDF = sparkSession.sparkContext
.textFile("hdfs://datasource/ data.txt")
  .map(_.split(","))
.map(datas =>AdData(datas(0), datas(1).trim.toInt, datas (2).trim.toInt))
.toDF()
```

通过 Transformation 操作生成的 RDD 转换成带有 Schema 的 DataFrame：

```
val squaresDF = spark.sparkContext.makeRDD(1 to 5).map(i => (i, i * i)).
              toDF("value", "square")
```

3）通过 JDBC 连接数据库，将数据表数据转换成 DataFrame。

```
val jdbcDF = sparkSession.read
.format("jdbc")
.option("url", "jdbc:mysql://192.168.1.1:3306/addata")
.option("dbtable", "ad _tb")
.option("user", "spark")
.option("password", "spark123")
.load()
```

等价实现

```
// 定义属性对象，设置连接数据库的配置信息。
val connectionProperties = new Properties()
connectionProperties.put("user", "spark")
connectionProperties.put("password", " spark123")
val jdbcDF2 = spark.read
        .jdbc("jdbc:mysql://192.168.1.1:3306/addata","ad_table", connectionProperties)
```

2. DataFrame 常用操作

DataFrame 常用操作主要有以下几种：

（1）toDF 函数

作为 DataSet 的一种特殊形式，DataFrame 的 toDF 函数定义在 DataSet 类中，函数的作用是将 RDD 转换为 DataFrame。

函数定义如下：

```
def toDF(): DataFrame = new Dataset[Row](sparkSession, queryExecution, RowEncoder
(schema))
```

（2）as 函数

返回一个指定别名的新 DataSet。

（3）printSchema 函数

打印 DataFrame 的 Schema 信息。

（4）show 函数

默认以表格形式展现 DataFrame 数据集的前 20 行数据，字符串类型数据长度超过 20 个字符将会被截断，如果需要控制显示的数据条数和字符串截取显示情况，可以使用带有不同参数的 show 方法。

（5）createTempView 函数和 createOrReplaceTempView 函数

创建临时视图，临时视图随着创建该视图会话的终止自动删除，不会绑定到任何数据库中，不可以使用"database.view"的方式来引入临时视图。DataFrame 提供了两个函数创建视图，分别是 createTempView 和 createOrReplaceTempView。使用 createTempView 函数创建视图，如果视图名称已经存在会抛出 AnalysisException 异常；使用 createOrReplaceTempView 函数创建视图，如果视图名称已经存在将会被新的视图替换覆盖。

（6）createGlobalTempView 函数

创建全局临时视图，该视图的声明周期与 Spark 应用程序声明周期相关联，随着 Spark 应用程序的终止自动删除，它与系统保留的数据库 "_global_temp" 绑定，该试图的引入方式为 "_global_temp.view"。

使用 SQL 语句查询临时视图：

```
// 创建视图 ad_view
rddDF. createOrReplaceTempView（"ad_view"）
// 查询曝光量大于 10000000 的城市名称，按曝光量降序排序，取前十的城市曝光信息
sparkSession.sql（"select city,pv from ad_view where pv > 10000000 order by pv desc
limit 10"）
// 创建全局视图 ad_global_view
rddDF. createOrReplaceTempView（"ad_global_view"）
sparkSession.sql（"select city,pv from _global_temp. ad_global_view where pv >
10000000 order by pv desc"）
```

DataFrame 的查询操作不是只能通过视图来查询，内部提供了各种丰富的查询方法。下面举例实现与上例查询临时视图相同的功能。

```
rddDF.where("pv>10000000 ").orderBy("pv desc").select("city","pv").limit(10)
```

等价实现方式

```
rddDF.where($"pv">10000000 ).orderBy($"pv".desc).select($"city",$"pv").limit(10)
```

3. DataFrame 持久化

Spark 提供了 DataFrame 保存数据的多种方式，DataFrame 可以以不同文件格式输出到指定路径，可以保存到 Hive 表，还可以通过 JDBC 连接输出到数据库表中。DataFrame 有四种保存模式：

- ❑ SaveMode.ErrorIfExists（简写为 "error"）：表示如果输出数据或者目标表已经存在则抛出异常，此为默认保存模式。
- ❑ SaveMode.Append（简写为 "append"）：表示如果输出数据或目标表已经存在，则 DataFrame 的数据会追加到原数据或目标表数据的后面。
- ❑ SaveMode.Overwrite（简写为 "overwrite"）：表示如果输出数据或目标表已经存在，则删除原数据，新数据覆盖原数据。
- ❑ SaveMode.Ignore（简写为 "ignore"），表示如果输出数据或目标表已经存在，则不做任何操作，原数据不会受任何影响，也不会抛出异常，类似 SQL 语句中的 CREATE TABLE IF NOT EXISTS 语义。

下面将具体介绍 DataFrame 保存数据的几种方式。

（1）DataFrame 保存数据到文件

DataFrame parquetDF 以重写（overwrite）模式将数据保存为 HDFS 指定路径下的 parquet 格式文件：

```
parquetDF.write.mode(SaveMode.Overwrite).parquet("hdfs://sparkdata/data.parquet")
```

等价实现

```
parquetDF.write.mode("overwrite").parquet("hdfs://sparkdata/data.parquet")
```

等价实现

```
squaresDF.write.mode("overwrite").format("parquet").save("hdfs://sparkdata/
data.parquet ")
```

DataFrame 支持多种格式的输出，经常使用的文件格式有 Parquet、TXT、ORC、JSON 等。

（2）DataFrame 保存数据到 Hive 表

DataFrame 提供两个方法将数据保存到 Hive 表，分别是 insertInto 和 saveAsTable。saveAsTable 与 DataFrame 提供的 createOrReplaceTempView 方法不同，前者不会因为 SparkSQL 程序重启导致表和数据丢失，如果之前没有搭建 Hive 仓库，Spark 则会在 spark.sql. warehouse.dir 配置的目录中创建 Hive 元数据库（Derby 数据库）保存 Hive 表的元数据信息，如果没有配置 spark.sql.warehouse.dir 指定的目录，该目录默认在 Spark 应用程序当前目录创建 spark-warehouse 目录。当程序下次重启之后只要使用的是同一个元数据库连接表和数据就依然可以使用。DataFrame 向 Hive 表保存数据的时候也会采用 SaveMode 提供的四种保存模式，默认使用 ErrorIfExists 模式，即目标表存在则抛出异常。在"overwrite"模式或者"append"模式下，如果表已经存在，则 DataFrame 定义的 Schema 列字段顺序不需要与已存在表列字段顺序相同，只需要列字段名称相同，通过列名找到正确的列字段位置即可。使用 insertInto 方法向 Hive 表写入数据忽略字段名称，不会根据字段名称找到正确的列字段位置，因此需要 DataFame 定义的 Schema 列字段顺序与已存在的表列字段顺序一致才能保证写入的数据准确。

例如，存在一张表 t1，t1 包含两个字段分别是 i 和 j：

```
Seq((1, 2)).toDF("i", "j").write.mode("overwrite").saveAsTable("t1")
Seq((3, 4)).toDF("j", "i").write.insertInto("t1")
Seq((5, 6)).toDF("a", "b").write.insertInto("t1")
sql("select * from t1").show
```

输出结果：

```
+---+---+
|  i|  j|
+---+---+
|  5|  6|
|  3|  4|
|  1|  2|
+---+---+
```

（3）DataFrame 保存数据到数据库表

```
jdbcDF.write
    .format("jdbc")
    .option("url", "jdbc:mysql://192.168.1.1:3306/addata")
    .option("dbtable", " ad_table")
    .option("user", "spark")
    .option("password", "spark123")
    .save()
```

等价实现：

```
// 定义属性对象，设置连接数据库的配置信息。
val connectionProperties = new Properties()
connectionProperties.put("user", "spark")
connectionProperties.put("password", " spark123")
jdbcDF.write.jdbc("jdbc:mysql://192.168.1.1:3306/addata ", "ad_tb", connectionProperties)
```

2.2.3　DataSet

　　DataSet 是一个特定域的强类型的不可变数据集，每个 DataSet 都有一个非类型化视图 DataFrame（DataFame 是 DataSet[Row] 的一种表示形式）。DataFrame 可以通过调用 as(Encoder) 函数转换成 DataSet，而 DataSet 则可以通过调用 toDF() 函数转换成 DataFrame，两者之间可以互相灵活转换。操作 DataSet 可以像操作 RDD 一样使用各种转换（Transformation）算子并行操作，转换算子采用"惰性"执行方式，当调用 Action 算子时才会触发真正的计算执行。

　　创建 DataSet 需要显式提供 Encoder 把对象序列化为二进制形式进行存储，而不是使用 Java 序列化或者 Kryo 序列化方式。DataSet 使用专门的编码器序列化对象在网络间传输处理。编码器动态生成代码，可以在编译的时候检查类型，不需要将对象反序列化就可以进行过滤、排序等操作，避免了 Shuffle 过程中频繁的序列化和反序列化，有效减少了内存的使用和 Java 对象频繁 GC 的开销。

　　创建 DataSet：

　　1）通过 case class 创建：

```
case class AdData(city: String, pv: Long,click:Long)
val adDS = Seq(AdData("beijing", 10000,1000)).toDS()
```

　　2）DataFrame 调用 as[Encoder] 函数创建：

```
val path = " hdfs://datasource/addata.txt""
val adDS = spark.read.json(path).as[AdData]
adDS.show()
```

2.3　Structured Streaming

　　Structured Streaming，即结构化流，设计者的意思是将流数据结构化，基于 Spark SQL

引擎构建可扩展和高容错流处理引擎。我们可以将同一种流数据在 SparkSQL 中看作一张无边界大表，将源源不断流入的数据灌入该表中。使用 SparkStreaming 处理流数据是将大量连续的数据按照时间段切分，采用微批处理的方式直接操作 RDD，需要开发者自主优化提高处理性能。Structured Streaming 提供了基于 DataFrame 和 DataSet 的 API，支持 Java、Scala、Python 多种开发语言，内部优化由 Tungsten 引擎处理完成，优化性能更加高效，开发过程快速、稳定、高效。

在容错方面，Structured Streaming 通过设置检查点和写入日志等方式确保端到端的一次性容错保证。Structured Streaming 提供快速，精确，可扩展，高容错，端到端的流处理服务。对用户来说，Structured Streaming 是在静态表上提供了将流计算转换为对无界输入表的增量查询计算。

图 2-10 通过图形化的方式解释了 Structured Streaming 处理流数据的原理（图片来自官方文档）。

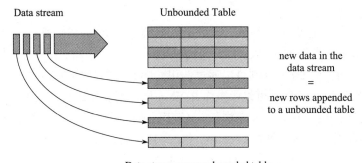

图 2-10　Structured Streaming 处理流数据的原理示意图

2.3.1　数据源

目前支持的数据源有 File Source、Kafka Source、Socket Source 三种，下面详细介绍三种数据源的使用方法。

1. File Source

以文件作为数据源，读取指定路径下的文件并创建 DataFrame，目前支持 TXT、CSV、JSON，Parquet 四种文件格式。

SparkSession 通过读取文件创建 DataFrame 的示例代码如下：

通过 StructType 创建 DataFrame Schema，StructType 添加字段标签有多种方法，下面介绍在 StructType 中添加 StructField 对象的方法，StructType 中的每一个标签都使用 StructField 对象表示，StructField 接收四个参数：name，字段名称，字符串类型；dataType，字段类型 DataType 类型；nullable，是否允许为空，布尔类型，可选参数，默认值 true；metadata，字段元数据，Metadata 类型，可选参数，默认值为 Metadata.empty。

```
val adSchema = StructType(Array(
      StructField("city", StringType, true),
      StructField("pv", LongType, true),
   ))
// 读取 CSV 文件创建 DataFrme
val csvDF = spark .readStream
   .option("sep", "\t")          // tab 键分割作为分割符
   .schema(adSchema)             // 添加 Schema
   .csv("/data/ad_pv_dir/")
```

2. Kafka Source

从 Kafka 中拉取主题数据作为数据源，需要使用 Kafka 0.10.0 及以上版本。使用 Kafka 数据源创建 DataSet 示例关键代码如下：

```
val lines = spark .readStream
   .format("kafka")
   .option("kafka.bootstrap.servers", "192.168.1.1:9092, 192.168.1.2:9092")
   .option("subscribe", "topicName")
   .load()
   .selectExpr("CAST(value AS STRING)")
   .as[String]
```

调用 format 函数声明数据源类型为 Kafka，通过 option 函数设置连接 Kafka 的相关配置参数，调用 selectExpr 函数将 value 值转换为 String 类型，调用 as[String] 函数转换成 DataSet。在使用 Kafka 数据源的时候可以设置 Kafka Consumer 相关的大部分配置参数，但是在 Structured Streaming 内部为了保证从 Kafka 拉取的消息被准确、高效、不丢、不重地处理，内部进行了优化设计，会涉及 Kafka Consumer 的一些相关配置特性，所以如果有些配置信息设置不当就会引起作业抛出异常，不能设置的配置参数如下：

❑ group.id：Cunsumer 从 Kafka 消费数据时使用的唯一组 ID，Structured Streaming 内部会自动生成一个唯一 ID 作为组 ID。

❑ auto.offset.reset：从 Kafka 中消费消息的方式。为了保证从 Kafka 中消费的消息不丢不重，Structured Streaming 在内部管理消费的偏移量。

❑ key.deserializer：Key 反序列化方式，Structured Streaming 代码中通过 selectExpr 显式设置。

❑ value.deserializer：Value 反序列化方式，Structured Streaming 代码中通过 selectExpr 显式设置。

❑ enable.auto.commit：是否自动提交偏移量，Structured Streaming 中不会自动提交从 Kafka 消费的偏移量，偏移量由 Structured Streaming 内部维护。

❑ interceptor.classes：如果使用 Consumer，Structured Streaming 采用字节数据的方式从 Kafka 中拉取消息。

3. Socket Source

Structured Streaming 通过 Driver 监听 Socket 端口，接收从端口传入的 UTF-8 字符数据，Structured Streaming 使用 Socket Source 数据源不能提供端到端的容错保证，该数据源只用于测试使用。

示例代码如下：

```
// 监听 localhost 的 9999 端口，接收端口传入的字符数据。
val socketDF = spark.readStream
    .format("socket")
    .option("host", "localhost")
    .option("port", 9999)
    .load()
```

2.3.2 输出到外部存储

Structured Streaming 将计算结果 DataSet 输出到外部存储，DataSet 通过调用 writeStream() 函数返回 DataStreamWriter 对象，DataStreamWriter 对象内部定义多个函数，用于设置不同的输出属性。下面将详细介绍 DataStreamWriter 对象内部定义的各函数的具体作用。

- ❑ outputMode：设置输出模式，指定结果集 DataSet 以怎么样的模式输出，目前提供"Append"和"Complete"两种输出模式。
- ❑ queryName：指定查询的唯一名称，作为表的名称（可选）。使用方法如下：

```
df.writeStream
    .queryName("ad_pv_tb")
    .outputMode("complete")
    .format("memory")
    .start()
spark.sql("select * fromad_pv_tb").show()
```

- ❑ trigger：定时触发器，通过设置触发时间间隔，定时将计算结果集 DataSet 输出到外部存储。如果未指定，系统将在上一个处理完成后立即检查新数据的可用性。如果由于之前处理尚未完成而错过触发时间，系统将尝试在下一触发点处触发，而不是在处理完成之后立即触发。

触发器的设置方式：

```
df.writeStream.trigger(ProcessingTime("10 seconds"))
```

或者

```
df.writeStream.trigger(ProcessingTime(10.seconds))
```

检查点：为了支持 File Sink 和 Foreach Sink 提供的端到端容错，可通过设置 HDFS 路径作为检查点路径，记录 Structured Streaming 计算过程中的全部状态信息（可选）。

检查点的设置方式：

```
option("checkpointLocation", "hdfs://data/checkpoint/dir")
```

1. 输出模式

将 Structured Streaming 计算结果输出到外部存储，提供了两种输出模式：

1）Complete 模式：将计算的全量结果数据输出到外部存储或者控制台。支持的查询类型：聚合计算。如果在 Structured Streaming 实现逻辑中未涉及聚合计算，输出采用"Complete"模式则会抛出如下异常信息：Complete output mode not supported when there are no streaming aggregations on streaming DataFrames/Datasets。

2）Append 模式：将最新的增量结果数据输出到外部存储或者控制台。支持查询类型：非聚合计算。如果在 Structured Streaming 实现逻辑中涉及聚合计算，输出采用"Append"模式则会抛出如下异常信息：Append output mode not supported when there are streaming aggregations on streaming DataFrames/DataSets。

2. 输出 Sink

（1）File Sink

将计算结果输出到外部文件存储，目前只支持输出 Parquet 文件，支持端到端的容错，支持"Append"输出模式。

使用方法：writeStream .format("parquet")

（2）Foreach Sink

自定义扩展输出到外部存储的方式，支持端到端的容错，支持所有输出模式。

使用方法：

1）创建的 Writer 对象必须是可序列化的。

2）实现 open、process、close 三个函数。open 函数用于初始化创建与外部系统的连接，传入参数为分区 ID 和版本号。process 函数用于处理中间数据。close 函数用于关闭与外部系统的连接。

```
writeStream.foreach(new ForeachWriter[String] {
    def open(partitionId: Long, version: Long): Boolean = {
        // 初始化创建与外部系统的连接
    }
    def process(record: String) = {
        // 处理数据
    }
    def close(errorOrNull: Throwable): Unit = {
        // 关闭与外部系统连接
    }
})
```

（3）Console Sink

将计算结果输出到控制台，用于小数量数据集测试使用，支持"Append"和"Complete"两种输出模式。

使用方法：`writeStream.format("console")`

（4）Memory Sink

将计算结果以表的形式存储到 Driver 的内存中，用于小数量数据集测试使用，支持"Append"和"Complete"两种输出模式。

使用方法：`writeStream.format("memory")`

2.3.3　WordCount 示例

下面通过 WordCount 示例介绍 Structured Streaming 的编程模型，代码如下：

```scala
import org.apache.spark.sql.functions._
import org.apache.spark.sql.SparkSession
object StructuredNetworkWordCount {
    def main(args:Array[String]): Unit ={
        if (args.length < 2) {
            System.err.println("Usage: StructuredNetworkWordCount <hostname><port>")
            System.exit(1)
        }
        val host = args(0)
        val port = args(1).toInt
        val spark = SparkSession
            .builder
            .master("local[2]")
            .appName("StructuredNetworkWordCount")
            .getOrCreate()
        import spark.implicits._
        val lines = spark.readStream
            .format("socket")
            .option("host", host)
            .option("port", port)
            .load()
        val words = lines.as[String].flatMap(_.split(" "))
        val wordCounts = words.groupBy("value").count()
        val query = wordCounts.writeStream
            .outputMode("complete")
            .format("console")
            .start()
        query.awaitTermination()
    }
}
```

代码执行流程：

1）创建 SparkSession 初始化上下文，添加配置属性。

2）绑定固定接口，接收输入流数据，创建 DataFrame。

3）通过 as 函数将 DataFrame 转换成字符型 DataSet，将一行数据按空格拆分成多行并返回新的 DataSet。

4）按照"value"字段求和。

5）以"complete"模式将计算结果输出到控制台。

6）调用 awaitTermination() 函数使作业一直执行，直到查询终止。

操作：

1）通过 nc -lk 9999 命令监听 9999 端口；

2）提交 StructuredNetworkWordCount 作业：

```
bin/spark-submit --class scala.spark.sql.StructuredNetworkWordCount -masterlocal
/usr/local/spark-2.1.0-bin-hadoop2.6/examples/jars/spark2.1pro-1.0-SNAPSHOT-
jar-with-dependencies.jar localhost 9999
```

输入四个词组：

```
hello world
word count
word count
hello
```

计算结果如下：

```
+-----+-----+
|value|count|
+-----+-----+
|hello|    2|
|count|    2|
| word|    2|
|world|    1|
+-----+-----+
```

通过查看计算结果可以发现，"Complete"模式的输出会将新的计算结果与旧的计算结果累加显示。下面将输出模式改成"Append"，由于"Append"模式不支持聚合计算，所以将聚合计算部分代码注释掉，只打印分词之后的结果。通过设置触发器来控制输出的时间间隔，本例设置为 5 秒钟输出一次。代码如下：

```
val words = lines.as[String].flatMap(_.split(" "))
val query = words.writeStream
            .outputMode("append")
            .format("console")
            .trigger(ProcessingTime(5.seconds))
            .start()
```

分别输入三个词组，三个词组之间的输入时间间隔为 5 秒钟。

```
hello world
xiao ming
xiao bai
```

分别输出了两次，从控制台打印信息的时间看，每次输出的时间间隔为 5 秒钟，每次输出没有将上次的结果一起输出，而是采用增量的方式输出最新结果。

```
+-----+
|value|
+-----+
| xiao|
| ming|
+-----+
17/03/09 18:36:30 INFO
+-----+
|value|
+-----+
| xiao|
|  bai|
+-----┤
17/03/09 18:36:35
```

2.4 Spark 优化

Spark 的计算任务都在内存中进行，数据集在集群中不断被交换传输和计算，影响计算性能的主要瓶颈是 CPU、内存、网络等。在硬件资源有限的情况下，使用各种优化手段能加强 Spark 计算任务性能，有效提高资源利用率。下面分别从数据优化、代码优化、参数优化三部分介绍常用的优化方法。

2.4.1 数据优化

1. 数据序列化

序列化是将数据结构或者对象转换成二进制流在网络之间传输。数据序列化在分布式系统中非常重要，在 Spark 应用程序运行过程中，如果是由于 GC 开销引起的程序运行缓慢，可以尝试使用数据序列化减少内存占用，有效降低 GC 开销，提高计算性能，但是同时也会带来额外的 CUP 开销。Spark 中常用的两种数据序列化方式：Java 序列化和 Kryo 序列化。

Java 序列化是默认的序列化方式，在 Spark 应用程序中实现了 java.io.Serializable 接口的对象都可以被序列化，并且可以通过扩展 java.io.Externalizable 来控制序列化性能，不需要在程序中手动指定序列化方式。优点：使用灵活方便。缺点：序列化速度慢，序列化之后的结果占用的内存空间仍较大。

Kryo 序列化需要在 Spark 应用程序中手动指定序列化方式，将需要序列化的类注册为 Kryo。优点：序列化速度快，减少网络传输，内存占用空间小，降低应用程序 GC 开销。缺点：使用方法相对 Java 序列化较繁琐，并不支持所有实现 java.io.Serializable 接口的对象序列化。

在 Spark 应用程序中使用 Kryo 序列化需要在 conf 中将 spark.serializer 的值设置为 org. apache.spark.serializer.KryoSerializer，使用 registerKryoClasses 方法将需要序列化的类注册为

Kryo，如果不对类进行注册，Kryo 也可以使用，但是 Kryo 会保存每一个类的完整名称，浪费更多的内存空间。

使用 Kryo 序列化方式的示例如下：

```
val conf = new SparkConf().setMaster(...).setAppName(...)
conf.set("spark.serializer", "org.apache.spark.serializer.KryoSerializer");
conf.registerKryoClasses(Array(classOf[MyClass1], classOf[MyClass2]))
val sc = new SparkContext(conf)
```

除了在代码中手动指定序列化方式外，还可以在配置文件 spark-defaults.conf 中将 spark.serializer 值设置为 org.apache.spark.serializer.KryoSerializer，需要序列化的多个类用逗号隔开，设置为 spark.kryo.classesToRegister 参数的值。另外有两个重要的参数需要设置：spark.kryoserializer.buffer.max Kryo，序列化缓冲区的最大值，该值必须大于需要序列化对象的大小（如果应用程序抛出"buffer limit exceeded"异常，则表示序列化缓冲区已达到上限，需要根据实际情况增加这个值，默认值 64M）；spark.kryoserializer.buffer Kryo，序列化缓冲区初始大小，每个内核的工作线程都有一个缓冲区，缓冲区将不断增长到 spark.kryoserializer.buffer.max 设置的最大缓冲区大小。Kryo 不是 Spark 中的默认序列化方式，网络密集型作业建议尝试使用 Kryo 序列化。

2. 列式存储格式

数据文件采用列式存储格式，常用的列式存储格式有 ORCFile、Parquet 等。

列式存储的优势：只读取需要的列数据，减少读写 IO；同一列的数据类型一致，压缩比高，压缩之后的数据占用更少的存储空间；Spark 内部对 Parquet 等列式存储格式进行了特定的优化，进一步提升计算性能。

3. 数据本地性

数据本地性是本着移动计算不移动数据的原则，避免跨节点或跨机架数据传输，提高数据传输速度，从而提高执行效率。

数据本地性分为五级，按照优先级从高到低排列依次是：

❑ PROCESS_LOCAL：数据与运行代码在同一个 JVM 中，性能最高。

❑ NODE_LOCAL：数据与运行代码在同一个节点上，性能比 PROCESS_LOCAL 稍微差一些，数据需要在进程之间传输。

❑ NO_PREF：数据可以从任何节点快速进行访问，但是访问速度相比前两种要稍微差一些。

❑ RACK_LOCAL：在同一个机架不同的服务器上，需要使用交换机通过网络传输。

❑ ANY：不在同机架的任何一台服务器上，性能最差。

为了提高数据本地性传输速度，尽量将 DataNode 和 NodeManager 同节点部署，通过增加数据文件副本数，提交作业时增加 Executor 数，尽量避免跨节点或者跨机架传输数据，提高任务并行处理能力。

2.4.2 代码优化

1. RDD 持久化复用

如果同一个 RDD 执行多个 Action 操作，则每次 RDD 都需要重算，如果 RDD 从文件创建，则每次都要拉取一次文件，代价很大。

解决方案：使用 cache 或者 persist 缓存 RDD。

```
val fileRdd = sc.textFile("hdfs://examples/data/wordcount.txt")
val resultRdd = fileRdd.flatMap(line => line.split(" ")).map((_,1)).reduceByKey(_+_)
resultRdd.cache()
```

或者

```
resultRdd.persist(StorageLevel.MEMORY_ONLY)
resultRdd. collect()
resultRdd .foreach(println)
```

针对同一个 RDD 的 Action 操作都从缓存中获取 RDD，以此减少从 HDFS 拉取文件创建 RDD 的次数，减少对同一个 RDD 多次重复转换操作的次数，减少网络、磁盘 IO、GC 等开销，提高执行效率，节约资源。

2. 使用 broadcast 广播大变量

SparkContext 提供使用 broadcast 函数广播变量，当一个只读的大变量作为一个公共资源被各种任务调用时，可以选择使用 Spark 提供的广播机制，将只读大变量通过 Driver 分发到各个 Executor 中，在 Executor 中只保留一份。如果不采用广播的机制，哪个任务需要使用这个变量就拉取到任务中使用，每个任务中都会保留一份变量数据，如果一个 Executor 中并行执行多个 Task，那么就会有多个变量的副本同时存在，造成内存资源浪费，引起 JVM 频繁 GC，还有可能发生 OOM 内存溢出。如果公共资源变量很大又不采用广播的方式，每个 Task 拉取一次都会增加网络和磁盘 IO 的开销。至于这个大怎么界定，官方建议数据集大小大于 20K 可以考虑使用 Spark 的 broadcast 广播机制。

3. coalesce(numPartitions: Int) 函数过滤后小文件合并重分区

RDD 中不同 partition 进行 filter 操作会产生不同的结果文件，有些过滤掉极少数或者没有过滤掉数据，有些过滤掉了大部分数据只剩下极少数数据或者全部过滤掉了。在后续的操作中各个 Task 处理的数据量相差很大，会造成有些 Task 很快，有些 Task 很慢，整个作业运行速度会被个别特别慢的 Task 拖慢。

解决方案：对数据过滤后使用 coalesce（默认不进行 shuffle，推荐使用）或者 repartition（重新分区数据分得比较均匀，默认会进行 shuffle）操作合并若干分片（Partition）。

Spark2.0 版本的 coalesce 函数定义需要传递一个参数——重分区之后的分区数，默认不进行 shuffle 操作，所以 coalesce 函数只能将原有分区数减少，如果想增大分区数请使用 repartition 函数。

coalesce 函数定义，在内部调用 repartition 将 shuffle 值设置为 false，即不进行 shuffle 操作。

```
def coalesce(numPartitions: Int): Dataset[T] = withTypedPlan {
repartition(numPartitions, shuffle = false, logicalPlan)
}
```

4. mapPartition 函数降低单条记录处理开销

RDD 调用 map 函数处理每条记录写入数据库中，这种情况每处理一条记录都要创建一个数据库连接，重复频繁的创建、关闭数据库连接不但给数据库造成压力而且会降低作业的整体性能。

解决方案：如果在每条记录处理完成都要初始化调用公共的资源，可以选择使用 mapPartition 函数以分区为单位，分区内只初始化一次公共资源，分区内部共享一个初始化资源。比如结果数据写入数据库，使用 mapPartition 函数在同一个分区内使用公共配置或者调用公共的对象都可以大大降低数据库连接的初始化次数，减少对象创建、清除造成的资源浪费，提高处理效率。

样例代码如下：

```
rdd.mapPartition{ records=>
    conn = getDBConn
    for ……
    conn.close
}
```

5. 使用 reduceByKey 替换 groupByKey

RDD 调用 groupByKey 函数按键进行分组，groupByKey 不会在 Map 端进行合并操作，如果使用 groupByKey 做聚合计算，还需要在 groupByKey 返回的 RDD 再次调用聚合函数，操作复杂，并且 groupByKey 会引起 Shuffle 数据交换，如果 Map 端数据量较大，势必在 Shuffle 阶段耗费大量的时间进行数据传输，增大网络开销，引起频繁 GC。

解决方案：使用 reduceByKey 替换 groupByKey，reduceByKey 默认会在 Map 端进行一次 Combiner 预聚合操作，将相同 Key 的 Value 聚合在一起，减少 Shuffle 阶段传输的数据量，一次函数调用就可以完成按键分组和聚合计算，代码简洁高效。有效降低磁盘 IO、网络开销。这个方案对于 Map 端输出中间结果中 Key 重复比较多的情况优化效果比较明显。

以 WordCount 为例对比 reduceByKey 与 groupByKey 的区别：

```
val rsRdd = fileRdd.flatMap(line => line.split(" ")).map((_,1)).groupByKey()
            .mapValues(_.sum)
val rsRdd = fileRdd.flatMap(line => line.split(" ")).map((_,1)).reduceByKey(_+_)
```

优化之后的代码更加简洁，性能更高。

6. 合理设置分区实现 join 无 Shuffle

通常 RDD 的 join 操作会引起 Shuffle 的产生，其实如果两个 join 的 RDD 是相同分区策略产生的分区数相同的 RDD，则不会引起 Shuffle 的产生。因为采用相同的分区策略对 Key 进行分区，默认使用 Hash 分区策略，如果分区数相同，则相同的 Key 肯定会被放到相同的分区中。在两个 RDD 进行 join 操作时只需要将相同分区的数据关联即可。

样例代码如下：

```
val rdd1 = firstRdd.reduceByKey(_+_,3)
val rdd2 = secondRdd.reduceByKey(_+_,3)
rdd1.join(rdd2)
```

此时 rdd1 和 rdd2 的连接则不会有 Shuffle 产生。

7. SparkStreaming 设置合适的批处理间隔

设置合适的批处理间隔是针对 SparkStreaming 程序的优化。为了保障系统稳定高效的运行，最好是保持 DStream 处理速度和 Receiver 接收速度一致或者处理的速度快于接收的速度。DStream 的处理时间严重大于批处理时间间隔时会导致数据积压，SparkStreaming 作业延迟不断增加，查看 Task 运行日志可能会出现大量 GC，最终可能导致作业失败。为了保证作业的稳定运行，需要从 Spark UI 查看作业运行状态，如果每一个批处理的过程任务执行时间和延迟时间相等则表示作业运行稳定，没有出现处理速度落后接收速度的情况。如果发现有大量的延迟产生，应调小批处理的时间间隔或者增大 Executor 数、调大 Executor Memory、增多 Executor Core 等资源。

合适的时间间隔没有固定值，要根据 Spark 运行集群的资源配置情况，Spark 作业分配资源的使用情况，具体业务要求的时效性等综合评估，不断测试，最终计算出合适的时间间隔。

作业稳定运行状态如图 2-11 所示。

Input Size	Scheduling Delay (?)	Processing Time (?)	Total Delay (?)
4894 events	0 ms	0.6 s	0.6 s
4988 events	0 ms	0.6 s	0.6 s
5461 events	0 ms	0.6 s	0.6 s
5223 events	0 ms	0.6 s	0.6 s
5751 events	0 ms	0.7 s	0.7 s

图 2-11　作业稳定运行状态

代码示例：

```
val conf = new SparkConf().setMaster(...).setAppName(...)
val sc = new StreamingContext(conf, Seconds(10))
```

2.4.3　参数优化

1. 设置合适的资源量

提交作业的时候预估可能处理的数据量设置合适的资源量，Executor 是对内存、CPU 等资源的封装，所以合适的资源量通过如下参数设置：

```
--driver-memory 2g \        # Driver 运行内存，默认 1G
--driver-cores 1 \          # Driver 分配的 CPU 核个数
--executor-memory 8g \      # Executor 内存大小
--executor-cores 2 \        # Executor 分配的 CPU 核个数
--num-executors 50\         # 作业执行需要启动的 Executor 数
```

如果用到 broadcast 广播机制，SparkContext 在 Driver 端将变量通过广播分发出去，为了保证 Driver 内存中可以装下需要广播的变量，需要适当调大 Driver 内存。根据实际情况动态合理地调整执行作业申请的资源量，申请过多资源会造成资源浪费，其他任务资源紧张；而申请过少资源会造成作业运行缓慢甚至失败。

2. 设置合适的 JVM 参数

如果作业运行缓慢或者失败，通过排查日志发现是 JVM 的问题，则需要调整 JVM 相关参数以解决问题。与 Java 相关的参数都可以通过 spark.driver.extraJavaOptions 和 spark.executor.extraJavaOptions 两个参数设置。代码如下所示：

```
--conf spark.executor.extraJavaOptions="-XX:+UseConcMarkSweepGC
-XX:PermSize=64m -XX:MaxPermSize=256m"
```

3. 调整非堆内存

建议增大 overhead 内存大小（默认 executor.memory × 0.1 ）：

```
spark.yarn.driver.memoryOverhead
```

4. Shuffle 过程优化

Shuffle 过程优化涉及三个参数，具体如下：

❑ spark.shuffle.manager：设置 Shuffle 的实现方式，可设置为 hash 或者 sort，建议使用 sort。Spark 2.0 版本之前 sort 不是默认的实现方式，Spark 2.0 版本及以后版本将 sort 作为默认 Shuffle 实现方式。

❑ spark.default.parallelism：设置默认的并行度，官方建议每个 Executor Core 运行 2 ~ 3 个 Task，过多的 Task 会造成资源浪费，过少的 Task 会造成运行缓慢，甚至会造成 OOM（内存溢出）的风险，所以要设置合适的值。

❑ spark.shuffle.memoryFraction：用于设置 Shuffle 读阶段 Task 从上一个阶段拉取数据到内存的 HashMap 中做聚合计算可使用的内存大小，当内存中的 HashMap 装满时会将数据溢写到磁盘中。默认该值为 Executor 内存的 0.2 倍，如果 Task 拉取过来的数据量比较大，适当地增大该值可以减少溢写磁盘的次数，提高聚合计算性能。

5. 分区算子的合理使用

例如 groupByKey、reduceByKey 等算子在调用过程中可以指定分区数量，默认情况下分区数与 Task 数相同。如果 Task 数过少，则运行速度比较慢，可能会造成 OOM，此时可以增大分区数进而增大 Task 数，提高聚合计算性能。Task 数目过多则会导致更多的小任务启动并增大调度开销。所以要通过测试和观察设置合适的值，合理地调整参数。

2.5 小结

本章通过描述 Spark 的核心原理说明 Spark 作为一款通用的分布式计算框架的优势。书中介绍了 Spark 2.0 版本引入的 SparkSession、StructuredStreaming 等优化设计及使用方法，以及在 SparkSQL 中使用 DataFrame 和 DataSet 的便利性，并结合实际经验从三个方面介绍了 Spark 的优化方式。

Druid 原理及部署

Druid 是一个分布式提供海量时序数据存储，支持实时多维数据分析的 OLAP 系统，由美国 MetaMarkets 公司创建并开源，主要应用于广告数据分析、网络系统监控等场景。Druid 具有高吞吐、易扩展、高容错、低延迟、按时间序列存储等特点。目前已经在生产环境广泛应用。

3.1 架构设计

Druid 采用易扩展、高吞吐、高可用、高时效的设计方案，按照时间粒度和各种维度组合对索引数据进行多种聚合查询，Druid 不提供明细查询。

3.1.1 节点类型

Druid 数据架构图如图 3-1 所示。

1. Coordinator 协调节点

Coordinator 协调节点主要负责协调历史节点加载新 Segment，删除过时的 Segment，管理 Segment 在各层内的副本，Segment 的负载均衡等。Coordinator 的周期性运行，每次运行之前都会通过 Zookeeper 获取当前集群的状态信息。Coordinator 也保持与数据库的连接，用于获取可用 Segment 和规则的信息。集群中应该被加载的所有可用的 Segment 被保存在 Segment 表。规则保存在规则表里，这些规则表示 Segment 应该怎样被处理。

Segment 被分配到历史节点提供服务之前，首先对每层可用的历史节点的容量从大到小进行排序，排在最前的历史节点可用容量最大，具有最高被分配优先级，这种分配规则是为了平衡各历史节点之间的负载。协调节点在分配新的 Segmemt 到历史节点时，不直接与历史节点进行通信，而是在 Zookeeper 的历史节点加载队列中创建新 Segment 的临时信息，一旦发现有新的 Segment 需要加载，历史节点会从 DeepStorage（深度存储，如 HDFS）中加载新的 Segement 并提供服务。

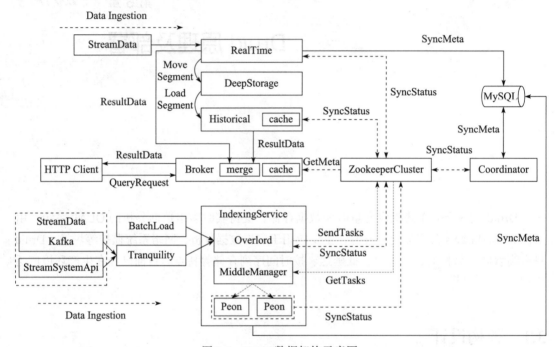

图 3-1　Druid 数据架构示意图

（1）设置 Segment 规则

协调节点通过规则来判断哪些数据应该保留，哪些数据应该从集群中删除，Segment 的规则可以通过协调节点控制台页面设置（http://coordinator_ip:port）。在 DataSource 数据源列表中选择需要设置规则的数据源，点击"edit rule"按钮弹出规则编辑窗口，在规则编辑窗口中添加加载规则、删除规则和分布在各层的副本数，如图 3-2 所示。

规则标示 Segment 应该怎样分配到不同的历史节点层，在不同的层应该存在的副本数，规则也会标示 Segment 什么时候从集群中完全删除。协调节点从元数据存储中下载一组规则，规则可以被指定应用于具体的数据源，或被设置成一组默认的规则。规则是被顺序读取的，因此规则的顺序非常重要。协调节点将循环对所有可用的 Segment 与规则进行匹配，每个 Segment 只能匹配一条规则。

推荐使用协调节点的 WebUI 可视化管理页面配置规则。协调节点也支持通过 HTTP 以 JSON 格式设置规则。当规则更新之后不会马上被应用，直到协调节点下一次运行时才会生效。

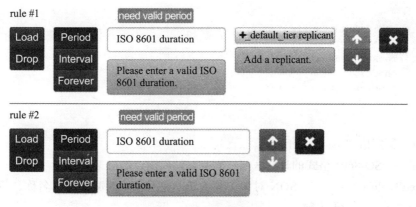

图 3-2　规则编辑窗口

下面介绍 Druid 提供的各种加载规则。

1）永久加载规则，配置如下：

```
{
    "type" : "loadForever",
    "tieredReplicants": {
        "hot": 1,
        "_default_tier" : 1
    }
}
```

❑ type：值为"loadForever"。

❑ tieredReplicants：一个 JSON 对象，其中 JSON 对象中的 key 是层名称，值对应的是该层 Segment 的副本数。

2）加载一个时间段内的 Segment，配置如下：

```
{
    "type" : "loadByInterval",
    "interval": "2016-01-01/2017-01-01",
    "tieredReplicants": {
        "hot": 1,
        "_default_tier" : 1
    }
}
```

❑ type：固定值"loadByInterval"。

❑ interval：指定开始和结束日期的一段时间，ISO-8601 格式的日期区间。

❑ tieredReplicants：一个 JSON 对象，其中 JSON 对象中的 key 是层名称，值对应的是该层 Segment 的副本数。

3）period 加载规则，配置如下：

```
{
    "type" : "loadByPeriod",
    "period"` : "P1M",
    "tieredReplicants": {
        "hot": 1,
        "_default_tier" : 1
    }
}
```

❑ type：固定值"loadByPeriod"。

❑ period：ISO-8601 格式的日期区间，固定时间周期，P1M 表示最近一个月。

❑ tieredReplicants：一个 JSON 对象，其中 JSON 对象中的 key 是层名称，值对应的是该层 Segment 的副本数。

匹配规则是，将 Segment 的时间区间和指定的时间区间进行比对，如果互相之间有时间段重合则匹配成功。

下面介绍 Druid 提供的删除规则。

1）永久删除规则，配置如下：

```
{
    "type" : "dropForever"
}
```

2）时间段删除规则：

```
{
    "type" : "dropByInterval",
    "interval" : "2015-01-01/2016-01-01"
}
```

❑ type：值为"dropByInterval"。

❑ interval：指定开始和结束日期的一段时间，ISO-8601 格式的日期区间。

3）时间段删除规则：

```
{
    "type" : "dropByPeriod",
    "period" : "P1M"
}
```

❑ type：值为"dropByPeriod"。

❑ period：ISO-8601 格式的日期区间，固定时间周期，P1M 表示最近一个月。

删除规则与加载规则的匹配方式相同，只要 Segment 的时间段在规则范围之内，则认定为匹配成功。

（2）清除 Segment 过程

每次运行清除 segment 操作，协调节点都会将数据库中存储的可用 Segment 列表与当前集群中的 Segment 对比，数据库中存储的可用 Segment 列表中不存在的 Segment，但是在集群中还在提供服务的 Segment，将会被标记并添加到移除列表。那些版本已经过时或者已经被新的 Segment 取代的 Segment 也会被删除。如果数据库中存储的所有 Segment 都被删除或者标记不可用，协调节点不会通知历史节点删除任何 Segment，这样做的目的是防止出现竞态条件。如果在协调节点第一次轮询访问数据库查看可用 Segment 之前执行了清除操作将删除所有的 Segment。

（3）Segment 高可用实现

如果历史节点重启或者由于任何原因不可用，则协调节点会通过 Zookeeper 感知到，并将不可用的历史节点下线，曾经在已下线的历史节点提供服务的所有可用 Segment 重新分配到集群中其他可用的历史节点。对 Segment 执行删除操作也不会马上从集群中删除，Druid 中有一个过渡数据结构，专门用于存储被删除的 Segment 和与其相关的生存期，协调节点也不再分配被删除的这段生存期的 Segment。如果一个历史节点在很短的时间内从不可用变得可用，该历史节点很快会被启用并通过该历史节点缓存提供可用 Segment 服务，而不必通过集群重新分配 Segment。

（4）Segment 负载均衡

为了保证 Segment 在集群中的历史节点之间均匀分布，协调节点在每次协调运行期间都要检查每个历史节点提供服务的 Segment 总大小。协调节点会从集群中的每个历史节点层找出利用率最高和利用率最低的两个历史节点，计算两个节点之间的利用率百分比差值，如果计算之后的差值超过设定的阈值，将会从利用率高的历史节点移动一些 Segment 到利用率低的节点，移动 Segment 数量可以通过配置文件设置，从而达到 Segment 在各历史之间的负载均衡。

协调节点启动方式：

```
nohup java `cat conf/druid/overlord/jvm.config | xargs`  \
-cp conf/druid/_common:conf/druid/coordinator:lib/*  \
io.druid.cli.Main server coordinator  &
```

2. RealTime 实时节点

实时节点提供实时流数据索引服务，数据经过实时节点按照定义好的规则创建索引，索引完成马上能够被查询。实时节点将周期性地对收集一段时间的数据创建 Segment 并转移到历史节点。协调节点通知历史节点下载对应的 Segment。实时节点通过 Zookeeper 监控 Segment 转移的过程和关于转移的 Segment 元数据存储过程。一旦 Segment 被转移成功，实时节点将不提供对已经转移走的 Segment 的查询，将由历史节点提供转移走的这部分 Segment 的查询服务。

实时节点通过 StreamPull 从 Kafka 中拉取数据生成 Segment，使用 Kafka 的 Consumer 高级 API，消费的偏移量交由 Zookeeper 维护，高级 API 对底层操作进行了封装，API 本身使用具有局限性。

多个实时节点从 Kafka 多分区拉取数据生成 Segment 无法实现多副本。Kafka 同一组内的消费者不会重复消费，不同组之间可以重复消费，如果想通过多个实时节点分成不同的组，各组之间重复消费相同主题数据实现多副本将难以实现。因为在 Druid 中实时节点的副本是逻辑上相等，并不是真正的从相同分区拉取的数据，比如一个主题有 3 个分区 p1、p2、p3，有两个消费组 group1、group2，group1 有实时节点 s1 和 s2，group2 有实时节点 s3 和 s4，s1 消费分区 p1 和 p2，s2 消费分区 p3。s3 消费分区 p2 和 p3，s4 消费分区 p1。则 Druid 认为 s1 和 s3 互为备份，s2 和 s4 互为备份，当从两个节点查询时返回的结果并不相同。只有在 Kafka 主题数据只有一个分区的时候才能够实现通过多个实时节点多副本的效果。

通过实时节点采用 Stream Pull 方式摄取数据与批量摄取同时使用可能会引起数据覆盖或者数据丢失的问题。例如为了防止延迟数据没有通过实时节点被索引，每天通过批量摄取任务对当天的数据进行补充校验，如果批处理作业针对当天尚未完成的数据进行索引，由于批量作业生成更新版本的 Segment，则批处理作业创建的 Segment 将会覆盖由实时节点创建的最近的 Segment，此时可能会造成一部分数据丢失。

实时节点数据摄入模式更改，需要重新启动实时节点使新模式生效，在多分区场景下难以规模化管理。每个独立实时节点都有自己的一组日志，如果遇到问题需要跨多个节点查看日志跟踪排查。

由于实时节点的诸多局限性，建议使用 IndexingService 索引服务实现实时流数据摄入。

3. IndexingService 索引服务

索引服务作为数据批量摄入和实时摄入的统一入口，提供高可用的分布式索引服务，并且能够提供 Stream Pull 和 Stream Push 两种流数据摄入方式，由 OverlordNode 统治节点和 MiddleManager Node 中间管理节点协同完成数据摄入索引任务。统治节点负责接收和分发任务，中间管理节点负责接收统治节点分发的任务，创建 Peon 苦工执行具体任务。索引服务采用主从架构模式，统治节点是主节点，中间管理节点是从节点，为了实现高可用，可以启动多个统治节点，启动多个从节点。从启动的多个统治节点中选举一个作为主节点，当主节点失败则继续选举主节点切换过去。官方提供的索引服务的架构图如图 3-3 所示。

（1）Overlord Node 统治节点

OverlordNode 统治节点负责接收、协调和分配任务，Overlord 有两种运行模式：本地模式或者远程模式（默认本地模式）。在本地模式下 Overlord 负责创建 Peon 苦工用于执行任务，需要提供中间管理节点和苦工的配置信息。本地模式通常用于简单的工作流程。在远程模式下，统治节点和中间管理节点在独立的进程中运行，并且可以部署在不同的服务器上单独运行，中间管理节点和苦工总是在同一个节点运行。远程模式统治节点只负责接收任务和分配任务，不负责启动苦工执行任务，而是由中间管理节点启动苦工。统治节点不会直接将任务分发给中间管理节点，而是通过 Zookeeper 互相协调任务的执行和监控任务执行状态。推荐使用远程模式。

统治节点提供 RESTful 接口，客户端可以通过 HTTP 的方式提交任务和查询任务状态等管理操作。

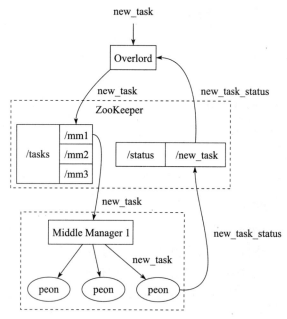

图 3-3　IndexingService 索引服务架构图

通过 HTTP POST 的方式提交任务，任务规则在 JSON 文件中定义，任务提交之后会返回任务 id（taskId），请求格式：

```
http://<OVERLORD_IP>:<port>/druid/indexer/v1/task
```

例：curl -X 'POST' -H 'Content-Type:application/json' -d @quickstart/test_index.json 192.168.1.1:9091/druid/indexer/v1/task

通过 HTTP POST 的方式结束已提交任务，请求格式：

```
http://<OVERLORD_IP>:<port>/druid/indexer/v1/task/{taskId}/shutdown
```

例：curl -X 'POST' 192.1681.1:9091

```
/druid/indexer/v1/task/index_hadoop_test_topic_2016-10-25T02:59:22.660Z/shutdown
```

通过 HTTP GET 方式查看任务运行状态，请求格式：

```
http://<OVERLORD_IP>:<port>/druid/indexer/v1/task/{taskId}/status
```

例：curl -L -H'Content-Type: application/json' -XGET

```
http://192.1681.1:9091/druid/druid/indexer/v1/task/
index_hadoop_test_topic_2016-10-25T02:59:22.660Z/status
```

索引任务创建的 Segment 也可以通过 HTTP GET 的方式获得，请求格式：

```
http://<OVERLORD_IP>:<port>/druid/indexer/v1/task/{taskId}/segments
```

例：curl -L -H'Content-Type: application/json' -XGET

```
http://192.1681.1:9091/druid/indexer/v1/task/
index_hadoop_test_topic_2016-10-25T02:59:22.660Z /segments
```

统治节点提供了可视化管理控制台，可以查看等待的任务、运行的任务、可用的 worker，最近创建和结束的 worker。Overlord 控制台访问方式：http://\<OVERLORD_IP>: \<port>/console.html。

统治节点启动方式：

```
nohup java `cat conf/druid/overlord/jvm.config | xargs` \
-cp conf/druid/_common:conf/druid/overlord:lib/* \
io.druid.cli.Main server overlord  &
```

（2）MiddleManager 中间管理节点

MiddleManager Node 中间管理节点是执行提交任务的工作节点。Middle Manager 将任务分发到苦工运行，一个苦工在一个单独的 JVM 中运行。通过单独的 JVM 对任务做资源隔离和日志隔离。一个苦工在同一时间只能运行一个任务，一个中间管理节点可以管理多个苦工。

中间管理节点启动方式：

```
nohup java `cat conf/druid/middleManager/jvm.config | xargs`  \
-cp conf/druid/_common:conf/druid/middleManager:lib/*  \
io.druid.cli.Main server middleManager  &
```

（3）Peon 苦工

苦工顾名思义就是真正干活的，在一个单独的 JVM 中运行任务，MiddleManager 负责创建苦工用于运行任务。

4. Historical 历史节点

历史节点（Historical Node）提供 Segment 缓存和查询服务。

协调节点负责将新的 Segment 分配给历史节点或者安排历史节点删除过时的 Segment。历史节点和协调节点之间不直接通信，而是通过 Zookeeper 协调管理。每一个历史节点保持与 Zookeeper 的连接，查看一个可配置的关于新 Segment 信息的 Zookeepe 路径。当一个历史节点发现在 Zookeeper 中与它关联的加载队列目录下有一个新的加载记录时，它首先检查本地磁盘缓存中关于新的 Segment 的信息。如果缓存中没有关于新的 Segment 的信息，历史节点将下载新的 Segment 的元数据信息并告知 Zookeeper。元数据包含新的 Segment 在深度存储（DeepStorage）中的存储位置，解压缩方法和处理新的 Segment 的信息。一旦一个历史节点处理完成一个 Segment，历史节点将公布可以提供该 Segment 的查询服务。

当历史节点接收到查询请求时，首先查看查询时间段的 Segment 在本地缓存中是否已经存在。如果已经存则历史节点将直接从本地缓存将相关的 Segment 加载到内存中直接进行计算。如果不存在相关 Segment，则从深度存储中下载相关 Segment，然后提供查询服务。当历史节点第一次启动时，历史节点将从本地缓存目录中查找所有能被发现的 Segment，直接加载并提供服务。这个特性使得只要历史节点在线就能很快提供查询服务。

历史节点启动方式：

```
nohup java `cat conf/druid/historical/jvm.config | xargs` \
-cp conf/druid/_common:conf/druid/historical:lib/*  \
io.druid.cli.Main server historical &
```

5. Broker 代理节点

代理节点提供针对 Segment 的路由查询。代理节点从 Zookeeper 获取能够提供 Segment 查询服务的实时节点和历史节点信息，分别接收实时节点和历史节点的查询结果并将结果合并返回给查询客户端。代理节点提供缓存查询结果功能，提高再次相同查询的速度。对于小集群可以开启此功能，比较大的集群建议在历史节点缓存查询结果数据。

（1）转发查询

通常 Druid 中的查询是一个时间段内的数据查询请求。Segment 按照时间段划分，尽量均匀地分布在集群中。在 Zookeeper 中维护有关历史和实时节点的信息和他们所能提供服务的 Segment。针对 Zookeeper 中的每一个数据源，代理节点建立相关 Segment 的时间轴和为这些 Segments 提供服务的节点列表。当收到一个指定数据源和时间间隔的查询请求，代理节点执行查找与查询数据源时间间隔相关的时间轴和检索能够提供相关 Segment 查询的节点信息，然后将查询转发到相关服务节点。

（2）缓存使用

代理节点缓存采用 LRU 缓存失效策略。代理节点缓存已经查询过的结果，缓存可以在每个代理节点的本地存储，也可以使用外部的分布式缓存，如 Memcached。每次一个代理节点接收到一个查询请求，首先将这个查询映射到一组 Segment，这些 Segment 结果的子集可能在缓存中已经存在，在缓存中已经存在的结果可以被直接拉取。对于一些缓存中不存在的结果，代理节点会转发查询到历史节点，一旦历史节点返回其结果，代理节点将结果存储到缓存中。实时节点返回的结果不会被缓存，实时节点的数据是不断变化的，缓存实时节点的结果没有意义。

代理节点启动方式：

```
nohup java `cat conf/druid/broker/jvm.config | xargs` \
-cp conf/druid/_common:conf/druid/broker:lib/* \
io.druid.cli.Main server broker &
```

3.1.2　Segment 介绍

Druid 中的索引以按时间段分隔的 Segment 文件形式存储。Segment 采用列式存储方式，在查询的时候，Druid 只扫描涉及的列数据，不需要的列直接跳过，降低了拉取的数据量，提高计算速度，降低查询延迟。

Segment 列存储结构有三个基本类型：时间戳列、维度列、指标列，如图 3-4 所示。

Timestamp	Dimensions			Metrics	
TimeStamp	city	platform	orderitem_id	pv_cnt	click_cnt
2016-12-01T01:00:00Z	beijing	pc	123	5211354	33252
2016-12-01T01:00:00Z	shanghai	pc	123	2314429	53455
2016-12-01T01:00:00Z	guangzhou	pc	123	4324424	32325
2016-12-01T01:00:00Z	shenzhen	pc	123	2313442	24145

图 3-4　Segment 列存储结构

时间戳列和指标列：这两列使用整型或者浮点类型的数组结构存储，采用 LZ4 的压缩算法。在查询时只用解压需要数据，拉取相关的行，并对所需要的数据集进行聚合操作。

维度列和其他两列不同，维度列需要支持过滤和分组操作，所以每一个维度列需要如下三种数据结构：

1）字典结构存储着一些键值对的对应关系，通常键的类型为字符串对应值的整型 ID。

2）存储列值的列表，采用第 1 项中的字典结构进行编码。

3）位图索引标记该列中每一个去重之后的值属于哪行数据。

字典结构只是简单的存储字符串到整型 ID 的映射关系，在列表和位图索引中详细但又简洁的存储数据值。位图索引又称为倒排索引，可以执行快速过滤操作。位图与前两个数据结构不同，前两个在数据大小上线性增长，位图部分的大小是数据大小与列基数的乘积。位图具有高压缩比，Druid 利用特别适用于位图的压缩算法进行压缩，例如 RoaringBitmap 压缩。在第 2 项中介绍的值的列表用于分组和 TopN 查询，只是简单的基于过滤器聚合指标查询，不需要使用第 2 项中的维度值列表。

Segments 最终会存储在深度存储中。执行查询操作时，通过历史节点首先下载相应的 Segment 到历史节点的本地磁盘，然后将磁盘数据加载到内存。如果历史节点运行失败，它将不能对外提供查询本地加已载的 Segment 的服务，但是这些 Segment 还是存储在深度存储中，其他的历史节点还可以继续从深度存储中把需要的 Segments 下载到本地磁盘对外提供服务。这就意味着，即使从集群中移除所有的历史节点，也能够保证存储在 Deep Storage 中的 Segment 不会丢失。同时也意味着即使深度存储不可用，历史节点仍然可以对外提供服务，因为历史节点已经从深度存储中将相应的 Segment 下载到了本地磁盘。

在集群中保存一个 Segment，需要将一条 Segment 的元数据添加到元数据存储中，这条元数据是 Segment 的自我描述，包含 Segment 的模式、大小、在深度存储中的存储位置。协调节点通过查询这些元数据信息了解能够对外提供哪些 Segment 的查询服务。

1. 分片与命名约定

段标示符通常使用段数据源、间隔开始时间（ISO 8601 格式）、间隔结束时间（ISO 8601 格式）和一个版本号，此外如果数据分片超出时间范围，该 Segment 标识符也会包含一个分区号。

在历史节点存储路径如下：

```
$druid.segmentCache.locations/dataource_name/time_interval/partition_num/
```

一个 Segment 由三个文件组成，分别是：

❑ xxxxx.smoosh：包含二进制数据的文件。

❑ meta.smoosh：记录 smoosh 文件内容的元数据文件。

❑ version.bin：占用 4 字节大小，记录当前 Segment 版本号。

2. 优化配置

在基本配置里，每隔一段时间创建一个 Segment 文件，时间间隔粒度通过 granularitySpec 配置项中的 segmentGranularity 属性来设置，默认粒度为天。为了使 Druid 能够提供良好的查询服务，推荐设置 Segment 文件大小在 300MB ～ 700MB 之间。如果 Segment 文件大小大于推荐的大小，可以考虑改变时间间隔粒度或者调整 partitioningSpec 配置项的 targetPartitionSize 属性值重新调整分区大小（推荐 500 万行分割一次）。

3.1.3　容错处理

1）历史节点采用 shared-nothing 架构，可以无限扩展，即使一个历史节点挂掉，其他的历史节点也可以替代它，将挂掉的历史节点负责的 Segment 分配到其他正常服务的历史节点，无数据丢失风险。

2）协调节点可以配置成快速失败转移的方式运行，同时在不同的服务器启动多个协调节点，只有一个协调节点作为主节点提供协调管理服务，当主节点失败后将会从其他正常运行的协调节点中选出一个主节点继续提供服务。如果没有正常运行的协调节点，不会有新的数据进来，也不会对现有的数据做负载均衡，但是系统仍然能够继续运行。

3）代理节点可以在多个服务器启动多个代理节点并行运行。

4）索引服务行过程中对于摄入的任务进行备份，其中的 coordination 具有快速失败转移的功能。

5）实时节点可以在不同的服务器启动多个实时节点，并行处理相同的流，它们定期在磁盘中设置检查点，最终把这些检查点数据推送到深度存储中。这样做是为了可以从失败中恢复数据。如果仅将数据保存在本地磁盘，可能会出现本地磁盘损坏不可用，造成磁盘数据丢失的情况。

6）如果深度存储系统不可用，新的数据将不能添加到集群中，但是集群仍然可以对外提供服务。

7）如果元数据存储不可用，协调器节点将无法从系统中发现新的 Segment，但协调节点仍然可以通过现在已经存在的 Segment 视图模式操作 Segment。

8）如果 Zookeeper 不可用，不能够对数据拓扑进行更改，但是代理节点仍然可以通过最近的数据拓扑视图对外提供查询服务。

3.1.4 路由节点

路由节点根据提前设置的路由规则将不同的查询请求路由到匹配的代理节点，最终将代理节点返回的结果返回给查询客户端。路由节点的使用有优点也有缺点。优点：路由节点在整个查询过程中充当反向代理的角色，提供了查询隔离，使得对比较重要数据的查询不会受到其他高延迟查询或者相对不重要数据查询的影响。缺点：在代理节点外层再添加一层路由节点增加查询转发次数，增加返回查询结果交换次数，降低查询性能。在使用路由节点的时候要考虑数据源的存储量级是否需要，如果常规查询可以很好的满足要求，建议不使用查询节点。

1. 路由策略

根据路由策略来选择查询请求应该路由到哪个代理。在使用了路由策略的时候可以配置多个，按顺序选择采用哪种路由策略，当排在靠前的策略匹配成功则不再向后查找匹配其他的策略。下面介绍 Druid 中已经提供的路由策略：

（1）timeBoundary

应用此策略则所有 TimeBoundary 类型的查询始终路由到最高优先级的代理。

规则定义

```
{
    "type":"timeBoundary"
}
```

（2）priority

优先级小于 minPriority 属性值的查询将被路由到最低优先级的代理。优先级大于 maxPriority 属性值的查询将被路由到最高优先级的代理。默认情况下，minPriority 属性值为 0，maxPriority 属性值为 1。如果查询的优先级为 0，则查询将跳过优先级选择逻辑。

规则定义：

```
{
    "type":"priority",
    "minPriority":0,
    "maxPriority":1
}
```

（3）JavaScript

使用 JavaScript 函数定义路由策略，将要执行的配置和查询对象作为参数传入函数，规则匹配成功，返回路由到的目标代理服务名称，如果没有匹配成功则返回 null，表示路由到默认代理。官方文档提供的样例代码如下：

该函数定义的路由策略含义：将包含三个以上聚合查询的查询请求路由到最低优先级的代理节点。

```
{
    "type":"javascript",
```

```
"function":"function (config, query) {
    if (query.getAggregatorSpecs && query.getAggregatorSpecs().size() >= 3){
        var size = config.getTierToBrokerMap().values().size();
        if(size > 0){
            return config.getTierToBrokerMap().values().toArray()[size-1]
        }else{return config.getDefaultBrokerServiceName()}
    }else{return null}
}"
}
```

2. 关键配置

druid.router.defaultBrokerServiceName

由于没有匹配到路由代理、匹配的代理连接失败等情况，使用默认代理。

druid.router.tierToBrokerMap

代理节点与历史节点层之间的映射关系，如：{"_default_tier":"druid:broker-cold"}。

druid.router.coordinatorServiceName

Coordinator 节点的服务名称，与协调节点配置的值相同。默认值 druid/coordinator。

druid.router.pollPeriod

按照固定周期检查是否有新的规则更新。默认值 PT1M 表示一分钟轮询一次。

druid.router.strategies

路由策略列表，值为 JSON 数组，可以包含多个 JSON 对象表示的自定义路由策略，排列顺序很重要，采用从前往后的顺序选择路由策略，当靠前的策略匹配成功则不再向后查找。默认值 [{"type":"timeBoundary"},{"type":"priority"}]。

3. 路由节点使用样例

例如，最近一个月的最新数据被加载到历史节点分层之后的热数据层，历史节点分层之后的冷数据层存储全部数据。配置两种不同的代理节点，处理热数据查询请求的代理节点将查询请求转发到热数据层，处理冷数据查询请求的代理节点将查询请求转发到冷数据层。如果发生任何异常或者网络问题将查询请求统一转发到冷数据节点，样例配置如下：

1）历史节点配置，对不同的历史节点分层。

配置文件 runtime.properties

```
# 配置热数据层，如果不配置则默认值 _default_tier。
druid.server.tier=hot
# 数据层优先级，默认从 0 开始，值越大则优先级越高
druid.server.priority=10
```

2）代理节点配置，设置代理节点的服务发现名称。

```
druid.service= druid:broker-hot
druid.service= druid:broker-cold
```

3）路由节点配置

JVM 相关配置，配置文件：jvm. config。

```
-server
-Xmx13g
-Xms13g
-XX:NewSize=256m
-XX:MaxNewSize=256m
-XX:+UseConcMarkSweepGC
-XX:+PrintGCDetails
-XX:+PrintGCTimeStamps
-XX:+UseLargePages
-XX:+HeapDumpOnOutOfMemoryError
-XX:HeapDumpPath=/mnt/galaxy/deploy/current/
-Duser.timezone=UTC+0800
-Dfile.encoding=UTF-8
-Djava.io.tmpdir=/tmp
# JMX 相关配置
-Dcom.sun.management.jmxremote.port=17071
-Dcom.sun.management.jmxremote.authenticate=false
-Dcom.sun.management.jmxremote.ssl=false
```

路由运行相关配置，配置文件 runtime.properties。

```
# 绑定运行 IP
druid.host=#{IP_ADDR}
# 监听端口号
druid.port=9080
# 服务发现名称
druid.service=druid/router
# 处理线程数
druid.processing.numThreads=1
# 由于没有匹配到路由代理、匹配的代理连接失败等情况，使用默认代理。
druid.router.defaultBrokerServiceName=druid:broker-cold
# 协调节点服务名称
druid.router.coordinatorServiceName=druid:coordinator
# 代理节点与历史节点层之间的映射关系
druid.router.tierToBrokerMap={"hot":"druid:broker-hot","_default_tier":"druid:
broker-cold"}
# 路由策略
druid.router.strategies=[{"type":"timeBoundary"},{"type":"priority"}]
# HTTP 连接数
druid.router.http.numConnections=50
druid.router.http.readTimeout=PT5M
# 路由处理 HTTP 请求的最大线程数
druid.router.http.numMaxThreads=100
# 处理 HTTP 请求的线程数
druid.server.http.numThreads=100
```

4）启动路由节点

```
nohup java `cat conf/druid/broker/jvm.config | xargs` \
-cp conf/druid/_common:conf/druid/broker:lib/* \
io.druid.cli.Main server router&
```

3.2 集群部署

3.2.1 集群规划

Coordinator 协调节点负责 Segment 管理和负载均衡。Overlord 统治节点负责接收、分发索引任务，可以部署在配置一般的服务器上。MiddleManager 节点接收索引任务、管理 Peon 苦工执行索引任务，需要 CPU 和内存配置好一点的服务器。Historical 历史节点提供 Segment 的存储和查询，大容量硬盘、内存和高性能的 CPU 可以使历史节点存储更多的 Segment，减少频繁从深度存储中拉取 Segment，在内存中缓存更多的 Segment 和查询结果，能够明显提高查询速度，如果资源充足，硬盘推荐使用 SSD。Broker 节点需要接收查询请求、结果数据合并、缓存等，Broker 节点需要高性能的 CPU 和内存。

为了提高系统的容错能力，统治节点（OverlordNode）、协调节点（CoordinatorNode）在两台不同的服务器上分别启动两个进程。为了降低代理节点（BrokerNode）的查询负载，代理节点在两台不同的服务器上分别启动两个进程。历史节点（HistoricalNode）采用分布式 shared-nothing 架构，可以无限扩展，通过将多台机器部署为历史节点，轻松扩展缓存 Segment 的空间，提升 Druid 的查询计算能力。如果资源充足，所有节点都可以通过部署多台服务器来提高系统的容错、存储和计算能力。

详细部署方案如表 3-1 所示。

表 3-1　集群详细部署方案

软件版本	IP	主机名	节点类型
操作系统 CentOS6.6 JDK1.7 版本 Maven3.3 版本 Scala2.10 版本 CPU 32 核主频 2.40GHz 内存 256G 硬盘 11T	192.168.1.1	hadoop01	Overlord Coordinator
	192.168.1.2	hadoop02	Overlord Coordinator Broker
	192.168.1.3	hadoop03	Historical MiddleManager
	192.168.1.4	hadoop04	Historical MiddleManager
	192.168.1.5	hadoop05	Historical MiddleManager
	192.168.1.6	hadoop06	Historical Broker

3.2.2 配置安装

1. 下载安装文件并解压

安装目录：/data/soft，安装 Druid0.9.0 版本。

```
curl -O http://static.druid.io/artifacts/releases/druid-0.9.0-bin.tar.gz
tar -xzf druid-0.9.0-bin.tar.gz
```

2. 解压之后的目录结构如下：

1）bin/ 单机模式启动脚本

2）conf/* 集群模式下的配置文件目录

3）conf-quickstart/* 单机快速启动的配置文件目录

4）extensions/* Druid 扩展文件

5）hadoop-dependencies/* Druid 的 Hadoop 依赖

6）lib/* Druid 引用的 jar 包

7）quickstart/* 单机快速启动的 JSON 格式执行文件

3. 创建软连接并设置环境变量

创建软连接，方便之后升级。

```
ln -s /data/soft/druid-0.9.0 /usr/local/druid
```

设置环境变量

```
vim /etc/profile
export DRUID_HOME=/usr/local/druid
```

环境变量生效

```
source /etc/profile
```

4. 创建运行用户账号和组

集群中部署的所有框架组件统一使用 hadoop 账号运行，如果已经有运行账号和组，请跳过此步骤。

```
groupadd hadoop
useradd -m -g hadoophadoop
```

5. 下载依赖组件

元数据存储：选用 MySQL。

流数据来源：对接 Kafka 加载流数据。

UV 计算：使用 datasketches。

DeepStorage 深度存储：Hadoop2.6

依赖组件默认会下载到安装目录下的 extensions 和 hadoop-dependencies 目录下。

在 Druid 安装目录执行如下命令下载依赖组件：

```
java -classpath "/usr/local/druid/lib/*" io.druid.cli.Main tools pull-deps
--defaultVersion 0.9.0 --clean
    -c io.druid.extensions:druid-kafka-extraction-namespace
    -c io.druid.extensions:druid-kafka-eight
    -c io.druid.extensions:druid-histogram
    -c io.druid.extensions:druid-hdfs-storage
    -c io.druid.extensions:druid-datasketches
    -c io.druid.extensions:druid-namespace-lookup
    -c io.druid.extensions:mysql-metadata-storage
    -h org.apache.hadoop:hadoop-client:2.6.0
```

下载完依赖组件之后，需要在 conf/druid/_common/common.runtime.properties 公共配置
文件中添加依赖：

```
druid.extensions.loadList=["druid-hdfs-storage","druid-histogram","mysql-metadata-
storage","druid-datasketches"]
druid.extensions.hadoopDependenciesDir=/usr/local/druid/hadoop-dependencies
```

6. 配置文件

使用 HDFS 作为 DeepStorage 深度存储，使用 MapReduce 执行批量静态数据摄入任
务需要将 Hadoop 相关配置文件 $HADOOP_HOME/etc/hadoop/core-site.xml、hdfs-site.xml、
mapred-site.xml、yarn-site.xml 拷贝到 $DRUID_HOME/conf/druid/_common 目录下。

1）公共配置文件 $DRUID_HOME/conf/druid/_common/common.runtime.properties。

```
# Druid 中加载的依赖组件
druid.extensions.loadList=["druid-hdfs-storage","druid-histogram", "mysql-
metadata-storage","druid-datasketches"]
# 如果使用不同的 Hadoop 版本，需要执行 Hadoop 客户端 jar 文件路径
# druid.extensions.hadoopDependenciesDir=/my/dir/hadoop-dependencies
# 启动时记录所有运行时属性日志
druid.startup.logging.logProperties=true
# Zookeeper 连接配置
druid.zk.service.host=hadoop01:2181,hadoop01:2181,hadoop01:2181
# Druid 在 Zookeeper 中的基础路径
druid.zk.paths.base=/druid
# 在 Zookeeper 的 /druid 基础路径下创建如下 znode
# [listeners, segments, announcements, indexer, coordinator, servedSegments, discovery,
# loadQueue]
# Zookeeper 连接超时时间，单位毫秒
druid.zk.service.sessionTimeoutMs=30000
# druid.zk.paths.announcementsPath=${druid.zk.paths.base}/announcements
# druid.zk.paths.liveSegmentsPath=${druid.zk.paths.base}/segments
# druid.zk.paths.loadQueuePath=${druid.zk.paths.base}/loadQueue
# druid.zk.paths.coordinatorPath=${druid.zk.paths.base}/coordinator
# druid.zk.paths.servedSegmentsPath=${druid.zk.paths.base}/servedSegments
# 请求日志相关
# 每次查询请求记录日志的方式
```

```
# noop：不发送任何查询请求相关指标。
# file：将查询请求相关指标写入文件。
# emitter：将查询请求相关指标发送到外部。
druid.request.logging.type=emitter
druid.request.logging.feed=druid_requests
# Druid 提供了三种发射器实现
# noop：不发送任何监控指标（如果没有指定发射方式，则 noop 为默认值）。
# logging：将监控指标通过 log4j 写入日志文件。
# http：通过 HTTP 的方式将监控指标发送的外部。
druid.emitter=http
# 可选日志级别 debug, info, warn, error
druid.emitter.logging.logLevel=info
# 负责发送监控指标的 URL，所有发送出去的监控指标都使用 JSON 格式表示。
druid.emitter.http.recipientBaseUrl=EMITTER_URL:PORT
# 元数据存储到 MySQL 中
druid.metadata.storage.type=mysql
druid.metadata.storage.connector.connectURI=jdbc:mysql://127.0.0.1:3306/druid
druid.metadata.storage.connector.user=druid
druid.metadata.storage.connector.password=druid
# Deep storage 深度存储使用 HDFS
druid.storage.type=hdfs
druid.storage.storageDirectory=hdfs://nn1:9000/data/druid/segments
# overlord 和 coordinator 服务发现
druid.selectors.indexing.serviceName=druid/overlord
druid.selectors.coordinator.serviceName=druid/coordinator
# Druid 通过 JavaScript 函数支持动态运行时扩展，设置为 true 将禁用 JavaScript 功能。
# 会影响 JavaScript 解析器、filter、extractionFn、aggregator、and post-aggregator 的使用。
druid.javascript.disabled=false
```

2）Historcal 历史节点相关配置文件 $DRUID_HOME/conf/druid/historical/jvm.config 和 runtime.properties。

JVM 相关配置，配置文件：jvm. config。

```
-server
# 最大堆内存大小 12G
-Xmx12g
# 最小堆内存大小 12G
-Xms12g
# 年轻代大小 6G 和最大年轻代大小 6G
-XX:NewSize=6g
-XX:MaxNewSize=6g
# 最大堆外内存大小 32G
-XX:MaxDirectMemorySize=32g
# 使用 CMS 垃圾收集器
-XX:+UseConcMarkSweepGC
-XX:+PrintGCDetails
-XX:+PrintGCTimeStamps
# Druid 默认使用 UTC 时间，设置使用东八区本地时间。
-Duser.timezone=UTC+0800
-Dfile.encoding=UTF-8
```

```
-Djava.util.logging.manager=org.apache.logging.log4j.jul.LogManager
-Djava.io.tmpdir=/tmp
```

 注意 设置 -XX:MaxDirectMemory >= numThreads × sizeBytes，否则 Historcal 节点会启动失败。

Historcal 运行相关配置，配置文件 runtime.properties。

```
druid.service=druid/historical
# Historcal 进程运行节点 IP，在不同的节点运行拷贝一份此配置文件，修改绑定 IP 即可。
druid.host=192.168.1.3
# Hisorcal 进程运行监听的端口号
druid.port=9094
# 协调节点分配给历史节点的 Segment 在本地文件系统中缓存的路径，可以配置多个路
# 径，增加历史节点缓存 Segment 的能力。maxSize 指定路径大小为 3T。
druid.segmentCache.locations=[
{"path":"/data1/druid/historical/segment_cache","maxSize": 3000000000000},
{"path": "/data2/druid/historical/segment_cache", "maxSize": 3000000000000}]
# 并行处理 Segment 的线程数，建议该值设置为 num_cores - 1（默认值），这个建议设置
# 的原因是在系统高负载的情况下，后台仍然有一个核可以保持与 Zookeeper 连接下载
# 相关的 Sement。如果只有一个核则该值配置为 1。
druid.processing.numThreads=31
# 处理 HTTP 请求的线程数
druid.server.http.numThreads=50
# 缓存相关
# 客户端查询结果在 Historcel 端缓存，加快下次相同查询的速度。
druid.historical.cache.useCache=true
druid.historical.cache.populateCache=true
# Historcal 执行聚合计算中间结果缓冲区大小，默认 1GB。
druid.processing.buffer.sizeBytes=1073741824
# 查询相关配置
# groupby 查询最大结果数，查询结果超过该值则无结果返回，抛出异常。
druid.query.groupBy.maxResults=50000000
# 监控指标相关
# 每隔 1 分钟发射一次监控指标
druid.monitoring.emissionPeriod=PT1m
druid.monitoring.monitors=["io.druid.server.metrics.HistoricalMetricsMonitor",
"com.metamx.metrics.JvmMonitor"]
```

3）Coordinator 协调节点相关配置文件 $DRUID_HOME/conf/druid/coordinator/jvm.config 和 runtime.properties。

JVM 相关配置，配置文件：jvm. config。

```
-server
-Xmx10g
-Xms10g
-XX:NewSize=512m
-XX:MaxNewSize=512m
# 使用 CMS 垃圾收集器
```

```
-XX:+UseConcMarkSweepGC
-XX:+PrintGCDetails
-XX:+PrintGCTimeStamps
-Duser.timezone=UTC+0800
-Dfile.encoding=UTF-8
-Djava.util.logging.manager=org.apache.logging.log4j.jul.LogManager
-Djava.io.tmpdir=/tmp
```

Coordina 运行相关配置，配置文件 runtime.properties。

```
druid.service=druid/coordinator
# Coordinator 进程运行节点 IP，在不同的节点运行拷贝一份此配置文件，修改绑定 IP 即可。
druid.host=192.168.1.1
# Coordinator 进程运行监听的端口号
druid.port=9093
druid.coordinator.startDelay=PT30S
druid.coordinator.period=PT30S
```

4）overlord 统治节点相关配置文件 $DRUID_HOME/conf/druid/overlord/jvm.config 和 runtime.properties。

JVM 相关配置，配置文件：jvm. config。

```
-server
-Xmx4g
-Xms4g
-XX:NewSize=256m
-XX:MaxNewSize=256m
# 使用 CMS 垃圾收集器
-XX:+UseConcMarkSweepGC
-XX:+PrintGCDetails
-XX:+PrintGCTimeStamps
-Duser.timezone=UTC+0800
-Dfile.encoding=UTF-8
-Djava.util.logging.manager=org.apache.logging.log4j.jul.LogManager
-Djava.io.tmpdir=/tmp
```

overlord 运行相关配置，配置文件 runtime.properties。

```
druid.service=druid/overlord
# overlord 进程运行监听的端口号
druid.port=9091
# 统治节点使用自动缩放 MiddleManager 相关配置
# druid.indexer.autoscale.doAutoscale=true
# druid.indexer.autoscale.strategy=ec2
# druid.indexer.autoscale.workerIdleTimeout=PT90m
# druid.indexer.autoscale.terminatePeriod=PT5M
# druid.indexer.autoscale.workerVersion=0
# 远程运行模式
druid.indexer.runner.type=remote
druid.indexer.runner.minWorkerVersion=0
# 将所有任务状态存储到元数据存储中
```

```
druid.indexer.storage.type=metadata
# 索引任务日志写入到本地文件系统
# druid.indexer.logs.type=log
# druid.indexer.logs.directory=/usr/local/druid/running_dir/logs
# 如果索引服务采用远程模式运行，则索引任务日志必须保存到 HDFS、S3 等存储中。
druid.indexer.logs.type=hdfs
druid.indexer.logs.directory=/data/druid/indexer/logs/overlord
```

5）MiddleManager 中间管理节点相关配置文件 $DRUID_HOME/conf/druid/middleManager/jvm.config 和 runtime.properties。

JVM 相关配置，配置文件：jvm. config。

```
-server
-Xmx64m
-Xms64m
-XX:+UseConcMarkSweepGC
-XX:+PrintGCDetails
-XX:+PrintGCTimeStamps
-Duser.timezone=UTC+0800
-Dfile.encoding=UTF-8
-Djava.util.logging.manager=org.apache.logging.log4j.jul.LogManager
-Djava.io.tmpdir=/tmp
```

MiddleManager 运行相关配置，配置文件 runtime.properties。

```
druid.service=druid/middleManager
druid.host=192.168.1.3
druid.port=9092
druid.indexer.task.hadoopWorkingPath=/data/druid/tmp/druid-indexing
druid.indexer.task.defaultHadoopCoordinates=[org.apache.hadoop:hadoop-client:2.6.0]
# 如果索引服务采用远程模式运行，则索引任务日志必须保存到 HDFS、S3 等存储中。
druid.indexer.logs.type=hdfs
druid.indexer.logs.directory=/data/druid/indexer/logs/ middle_manager
# MiddleManager 能接收的最大任务数，默认值为可用处理器数减 1。
druid.worker.capacity=31
# The IP of the worker
druid.worker.ip=192.168.1.3
druid.worker.version=0
# peons 资源配置
druid.indexer.runner.javaOpts=-server -Xmx3g -Xms3g -XX:PermSize=256m
-XX:+UseG1GC -XX:MaxGCPauseMillis=100
-XX:+PrintGCDetails -XX:+PrintGCTimeStamps
# 索引任务临时工作目录
druid.indexer.task.baseTaskDir=/usr/local/druid/running_dir/peons/task/
# Peon properties
druid.indexer.fork.property.druid.monitoring.monitors=["com.metamx.metrics.JvmMonitor"]
druid.indexer.fork.property.druid.processing.buffer.sizeBytes=100000000
druid.indexer.fork.property.druid.processing.numThreads=1
# Pens 缓存 Segment 在本地磁盘的路径，可以配置多个路径，提供缓存能力。
druid.indexer.fork.property.druid.segmentCache.locations=[{"path": "/usr/local/
druid/running_dir/peons/zk_druid", "maxSize": 300000000000}]
```

```
druid.indexer.fork.property.druid.server.http.numThreads=50
druid.indexer.fork.property.druid.storage.type=hdfs
# Peons 创建 Segment 完成存储到 HDFS 路径
druid.indexer.fork.property.druid.storage.storageDirectory=hdfs://nn1:9000/data/
druid/pens/storage
```

6）Broker 代理节点相关配置文件 $DRUID_HOME/conf/druid/coordinator/jvm.config 和 runtime.properties。

JVM 相关配置，配置文件：jvm. config。

```
-server
-Xmx25g
-Xms25g
-XX:NewSize=6g
-XX:MaxNewSize=6g
-XX:MaxDirectMemorySize=64g
-XX:+UseConcMarkSweepGC
-XX:+PrintGCDetails
-XX:+PrintGCTimeStamps
-Duser.timezone=UTC+0800
-Dfile.encoding=UTF-8
-Djava.util.logging.manager=org.apache.logging.log4j.jul.LogManager
-Djava.io.tmpdir=/tmp/broker
```

Broker 运行相关配置，配置文件 runtime.properties。

```
druid.service=druid/broker
druid.host=192.168.1.6
druid.port=9095
# HTTP server threads
druid.broker.http.numConnections=20
druid.broker.http.readTimeout=PT5M
druid.server.http.numThreads=50
# Processing threads and buffers
druid.processing.buffer.sizeBytes=2147483647
druid.processing.numThreads=31
# 查询缓存相关设置
# druid.broker.cache.useCache=true
# druid.broker.cache.populateCache=true
# druid.cache.type=local
# druid.cache.sizeInBytes=536870912
```

 注意　设置 -XX:MaxDirectMemory >= numThreads × sizeBytes，否则 Druid 会启动失败。

为了降低查询的负载可以在多个服务器部署多个 broker。

7. 启动各节点

1）启动协调节点（CoordinatorNode）：

```
nohup java `cat conf/druid/overlord/jvm.config | xargs` \
-cp conf/druid/_common:conf/druid/coordinator:lib/* \
io.druid.cli.Main server coordinator&
```

2）启动统治节点（OverlordNode）：

```
nohup java `cat conf/druid/overlord/jvm.config | xargs` \
-cp conf/druid/_common:conf/druid/overlord:lib/* \
io.druid.cli.Main server overlord&
```

3）启动历史节点（HistoricalNode）：

```
nohup java `cat conf/druid/historical/jvm.config | xargs` \
-cp conf/druid/_common:conf/druid/historical:lib/* \
io.druid.cli.Main server historical&
```

4）启动中间管理节点（MiddleManagerNode）：

```
nohup java `cat conf/druid/middleManager/jvm.config | xargs` \
-cp conf/druid/_common:conf/druid/middleManager:lib/* \
io.druid.cli.Main server middleManager &
```

5）启动代理节点（BrokerNode）：

```
nohup java `cat conf/druid/broker/jvm.config | xargs` \
-cp conf/druid/_common:conf/druid/broker:lib/* \
io.druid.cli.Main server broker&
```

访问 Coordinator WebUI192.168.1.1:9093，如图 3-5 所示，查看集群状态，数据源列表，各数据源详细信息，索引任务状态等。在 Coordinator WebUI 中可以设置每个数据源中 Segment 的加载及删除规则。

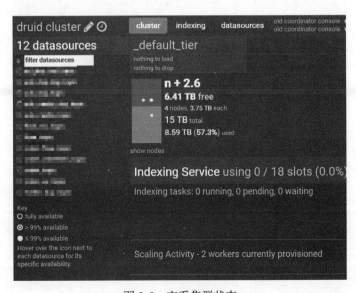

图 3-5　查看集群状态

访问 Overlord WebUI 192.168.1.2:9091，如图 3-6 所示，可以查看运行的任务，待处理任务，等待分配 Worker 任务，已经完成的任务，worker 信息等。

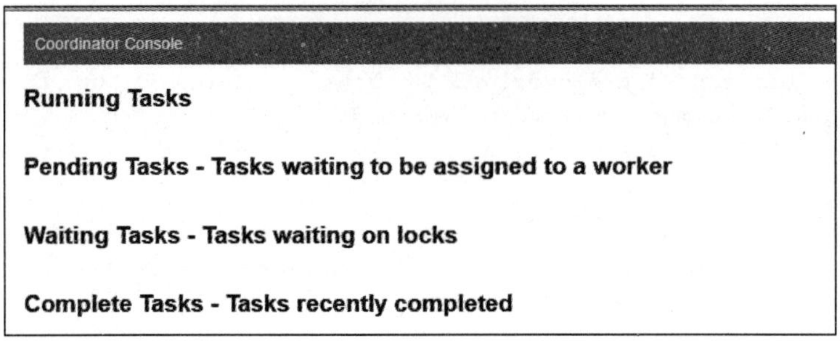

图 3-6　查看运行的任务

3.3　小结

本章从 Druid 的架构设计讲解 Druid 各组件协调使用的具体过程，包括数据摄入和查询流程、各组件容错处理、路由查询等。通过实际操作讲解 Druid 集群规划和部署过程。通过本章的学习可以从理论和实践两方面充分理解 Druid 的工作原理。

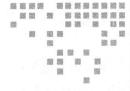

第 4 章 Chapter 4

Druid 数据摄入

Druid 支持批量数据摄入和实时流数据摄入两种数据摄入方式。其中，批量数据摄入可周期性地通过 Hadoop 批量摄入静态数据；实时流数据摄入方式又分成两种，即 Stream Pull 和 Stream Push。本章将详细介绍不同类型的数据摄入方式。

4.1 模式设计

本书主要介绍 Druid 数据模式的设计方法，及如何设计正确的数据摄入模式。

4.1.1 设计概述

Druid 摄入规则包含三个主要属性配置。"dataSchema"属性定义数据摄入模式（必须配置项），其中包括数据源名称（"dataSource"）、数据解析方式（"parser"）、指标计算规则（"metricsSpec"）、粒度规则（"granularitySpec"）。"ioConfig"属性定义摄入的数据源（必须配置项），常用的类型有"realtime"实时流数据摄入和"hadoop"批量静态数据摄入。"tuningConfig"属性定义数据摄入过程中的各种优化配置（可选配置项）。

数据摄入规则定义格式：

```
"spec": {
    "dataSchema": {
        "dataSource": "…",
        "parser": {…},
        "metricsSpec": […],
        "granularitySpec": {…}
```

```
    },
    "ioConfig": {...},
    "tuningConfig": {...}
}
```

Druid 摄入的数据需要包含 timestamp（时间戳），dimension（维度），measure（指标）三种类型，下面详细介绍 Druid 摄入数据模式设计。

1）Druid 中的每行数据必须有一个时间戳，数据是按时间划分的，每个查询都有一个时间过滤器。查询结果也可以通过时间划分，比如分钟、小时、天等。

2）维度字段主要用于作为过滤条件或者在 "group by" 查询时作为分组字段。维度字段数据类型为字符串类型。

3）指标字段是聚合字段，指标字段的类型一般是数字类型、整型或者浮点型等，也可以存储复杂的对象，如 HyperLogLog 草图等。

1. 高基数维度使用设计

在实际应用中我们有时需要使用 UUID 或者 USER_ID 等唯一 ID 计算 UV 等指标，这种高基数维度的使用将无法体现 roll-up 效果，并且严重影响压缩性能，占用更多的存储空间。实践中往往不需要对唯一 ID 的精确计算，在 Druid 中使用高基数维度的优化方法是使用 hyerUnique 聚合，存储高基数维度的草图，并且把草图作为聚合的一部分，明显降低存储空间的使用，有效地提高了聚合查询性能。使用方法如下：

（1）数据摄入端

在数据摄入规则的指标规则中定义对高基维字段使用 hyperUnique，样例规则代码如下：

```
"metricsSpec" : [
    {
        "type" : "count",
        "name" : "count"
    },
    {
        "type" : "hyperUnique",
        "name" : "user_id"
        "fieldName" : "user_id"
    }
]
```

（2）数据查询端

在查询规则中定义查询聚合函数使用 hyperUnique，样例规则代码如下：

```
"aggregations": [{
        "type": "hyperUnique",
        "name": "user_id",
        "fieldName": "user_id"
    } ]
```

2. 嵌套维度使用设计

Druid 暂时不支持嵌套维度，如果摄入的数据中包含嵌套维度，需要对嵌套维度进行扁平化处理（将嵌套维度展开）。以 JSON 格式的嵌套维度数据为例：需要加载到 Druid 中的嵌套数据 {"people":{"age":30,"name":"xiaoming","city":"beijing"}}，在 Druid 创建索引之前需要对数据进行扁平化处理，处理之后的数据为 {"people_age":30,"people_name":"xiaoming","people_city":"beijing"}。

在摄入数据时，计数指标用于统计聚合的指标数量，通过与原始摄入数据比较可以反映 roll-up 操作的比率。

在摄入规则中定义计数指标，指标类型为"count"，指标名称也为"count"，样例如下：

```
"metricsSpec" : [{
    "type" : "count",
    "name" : "count"
}]
```

查询时对计数指标进行聚合，注意查询聚合类型为"longSum""fieldName"的值必须与定义计数指标的"name"值一致，样例如下：

```
"aggregations": [{
    "type": "longSum",
    "name": "numRows", # 自定义显示指标名称
    "fieldName": "count"# 与摄入规则中的指标名称一致
  }]
```

4.1.2　数据解析

1. 数据格式

Druid 可以加载非标准化的数据格式，包括 JSON、CSV、指定分隔符的 TSV，或者任何自定义的格式。不同格式的数据文件如下：

1）JOSN 格式：

```
{"timestamp":"2016-12-01T12:00:00Z","city":"beijing","platform":"pc","orderitem_id":"123", "pv_cnt":34214, "click_cnt":231}
```

2）CSV 格式（按逗号隔开）：

```
2016-12-01T12:00:00Z,"beijing","pc","123", 34214,231
```

3）TSV 格式（按照 tab 键分隔）：

```
2016-12-01T12:00:00Z "beijing" "pc" "123" 34214 231
```

4）自定义格式：Druid 支持自定义格式，通过使用 Regex 正则解析器或者 JavaScript 解析器来解析自定义的格式。使用这些解析器不如使用内置 JAVA 实现的解析器性能高效。

2. 格式解析

（1）解析器

解析器属性有多种类型，不设置解析器类型默认采用字符串解析器。下面介绍两种不同的解析器：String Parser 和 ProtobufParser，其描述分别如表 4-1 和表 4-2 所示。

表 4-1　String Parser 解析器

属　　性	类　　型	描　　述	是否必须
type	String	通常将该属性值设置成 "String"，如果使用 Hadoop 执行批量数据摄入时该值应设置成 "hadoopyString"	no
parseSpec	JSON 对象	定义解析规则，确定输入数据格式、时间戳和维度	yes

表 4-2　Protobuf Parser 解析器

属　　性	类　　型	描　　述	是否必须
type	String	值为 "protobuf"	no
parseSpec	JSON 对象	定义解析规则，确定时间戳和维度。使用 "timeAndDims" 解析规则	yes

（2）解析规则

通过 ParseSpec 属性定义解析规则，解析器通过 "format" 属性值确定输入数据格式（常用数据格式 JSON、CSV、TSV 等），通过 "timestampSpec" 属性值确定输入数据的时间戳格式及格式化方法，通过 "dimensionsSpec" 属性值识别各维度。如果数据格式是 JSON 格式，通过 "flattenSpec" 属性值定义 JSON 嵌套格式自动展开的方式。

timestampSpec 时间戳规则定义如表 4-3 所示。

表 4-3　timestampSpec 时间戳规则定义

属　　性	类　　型	描　　述	是否必须
column	String	时间戳列	yes
format	JSON 对象	iso、millis、posix、auto（默认值）或任意 Joda 时间格式	no

时间戳规则定义样例：

```
"timestampSpec" : {
    "column" : "timestamp",
    "format" : "auto"
}
```

dimensionsSpec 维度规则定义如表 4-4 所示。

表 4-4 dimensionsSpec 维度规则定义

属　　性	类　　型	描　　述	是否必须
dimensions	JSON 数组	由各个维度名称列表，所有元素类型为字符串类型	yes
dimensionExclusions	JSON 数组	排查的维度名称列表，所有元素类型为字符串类型	no
spatialDimensions	JSON 对象	空间维度对象	no

维度规则定义样例：

```
"dimensionSpec" : {
    "dimensions" : ["city","platform","orderitem_id"],
    "dimensionExclusions" : [],
    "spatialDimensions" : []
}
```

JSON 格式数据解析规则配置如表 4-5 所示。

表 4-5 JSON 格式数据解析规则配置

属　　性	类　　型	描　　述	是否必须
format	String	值为 "json" 表示输入数据格式为 JSON 格式	no
timestampSpec	JSON 对象	指定时间戳列并设置时间戳格式化方式	yes
dimensionsSpec	JSON 对象	指定数据维度列	yes
flattenSpec	JSON 对象	设置嵌套类型 json 数据的展开方式	no

JSON 格式数据解析规则定义样例：

```
"parseSpec":{
    "format" : "json",
    "timestampSpec" : {
        "column" : "timestamp",
        "format" : "auto"
    },
    "dimensionSpec" : {
        "dimensions" : ["city","platform","orderitem_id"]
    }
}
```

CSV 格式数据解析及其描述如表 4-6 所示，由于 CSV 格式数据中不包含列名和表头，解析规则 "columns" 属性定义数据中包含的所有列名，实际数据中各列对应的值必须和定义的列名顺序相同。

表 4-6 CSV 格式数据解析

属　　性	类　　型	描　　述	是否必须
format	String	值为 "csv" 表示输入数据格式为 CSV 格式	yes

（续）

属　　性	类　　型	描　　述	是否必须
timestampSpec	JSON 对象	指定时间戳列并设置时间戳格式化方式	yes
dimensionsSpec	JSON 对象	指定数据维度列	yes
listDelimiter	String	多值维度列自定义分隔符	no
columns	JSON 数组	数据中包含的所有列名称列表	yes

CSV 格式数据解析规则定义样例：

```
"parseSpec":{
    "format" : "csv",
    "timestampSpec" : {
        "column" : "timestamp",
        "format" : "auto"
    },
    "columns" : ["timestamp","city","platform","orderitem_id","pv_cnt","click_cnt"],
    "dimensionsSpec" : {
        "dimensions" : ["city","platform","orderitem_id"]
    }
}
```

TSV 格式数据解析及其描述如表 4-7 所示，由于 TSV 格式数据中不包含列名和表头，解析规则 "columns" 属性定义数据中包含的所有列名，实际数据中各列对应的值必须和定义的列名顺序相同。

表 4-7　TSV 格式数据解析

属　　性	类　　型	描　　述	是否必须
format	String	值为 "tsv" 表示输入数据格式为 TSV 格式	yes
timestampSpec	JSON 对象	指定时间戳列并设置时间戳格式化方式	yes
dimensionsSpec	JSON 对象	指定数据维度列	yes
listDelimiter	String	多值维度列自定义分隔符	no
delimiter	String	数据列之间分隔符，默认值 "\t"	no
columns	JSON 数组	数据中包含的所有列名称列表	yes

TSV 格式数据解析规则定义样例：

```
"parseSpec":{
    "format" : "tsv",
    "timestampSpec" : {
        "column" : "timestamp",
        "format" : "auto"
    },
    "columns" : ["timestamp","city","platform","orderitem_id","pv_cnt","click_cnt"],
    "delimiter":"\t",
    "dimensionsSpec" : {
```

```
        "dimensions" : ["city","platform","orderitem_id"]
    }
}
```

（3）粒度规则

设置解析规则中的"granularitySpec"属性定义粒度规则，索引任务根据粒度规则生成 Segment。下面分别介绍均匀粒度规则和任意粒度规则的使用。

均匀粒度规则

均匀粒度规则定义如表 4-8 所示，其按照均匀的时间粒度生成 Segment。

表 4-8　均匀粒度规则

属　　性	类　　型	描　　述	是否必须
type	String	默认值"uniform"	no
segmentGranularity	String	创建 Segment 的粒度，默认值"DAY"按天粒度生成 Segment。	no
queryGranularity	String	设置查询的最小粒度，默认值"NONE"	no
intervals	String	需要加载的原始数据的时间范围。	批量数据摄入需要设置，实时流数据摄入不需要设置。

均匀粒度规则定义样例：

```
"granularitySpec": {
    "type": "uniform",
    "segmentGranularity": "day",
    "queryGranularity": "day",
    "intervals": ["2016-12-01/2016-12-02"]
}
```

任意粒度规则

任意粒度规则将不再通过设置"segmentGranularity"属性控制生成 Segment 的粒度，而是自动尽可能均匀地生成 Segment，其规则定义如表 4-9 所示。此规则只适用于批量数据摄入过程。

表 4-9　任意粒度规则

属　　性	类　　型	描　　述	是否必须
type	String	默认值"uniform"	No
queryGranularity	String	设置查询的最小粒度，默认值"NONE"	No
intervals	String	需要加载的原始数据的时间范围	批量数据摄入需要设置，实时流数据摄入不需要设置

4.1.3　Segment 分区

Segment 通常按照时间戳分区，可以通过分区规则的设置进一步划分，在"tuningConfig"

优化配置项的"partitionsSpec"分区规则属性中设置。Druid 支持两种分区策略：基于哈希的分区和基于单维度的分区。在大多数场景下推荐使用哈希方式分区，相对于基于单维度的分区策略，基于哈希的分区方式更有助于提高索引性能，创建的分区也更加均匀。

1. 基于哈希的分区

哈希分区的工作原理：首先选择一些 Segment，然后根据这些 Segment 每行所有维度的哈希值进行分区，Segment 的数量由输入的数据集和指定的分区大小或者分区数目自动确定。

哈希分区的配置参数如表 4-10 所示。

表 4-10　哈希分区的配置参数

属　　性	描　　述	是否必须
type	分区类型，通常设置值为"hashed"	Yes
targetPartitionSize	分区大小，根据实际情况设置合适的值，建议将大小控制在 500MB 到 1GB	不设置该参数就要设置 numShards
numShards	直接指定分区的数目，而不是分区大小。这种设置会使加载数据的速度更快，因为跳过了自动选择分区数目的步骤	不设置该参数就要设置 targetPartitionSize

分区规则配置样例：

```
"partitionsSpec": {
    "type": "hashed",
    "targetPartitionSize": 5000000
}
```

或者

```
"partitionsSpec": {
    "type": "hashed",
    " numShards ": 5
 }
```

2. 基于单维度的分区

单维度分区的原理：首先选择一个维度进行分区，在这个维度下按照连续的范围进行分割，每个 Segment 将包含该范围内该维度值的所有行。例如，Segment 按照 "city" 城市维度划分，划分的维度范围从 "a_city" 到 "g_city"，"g_city" 到 "m_city"，"m_city" 到 "z_city"，按照字典顺序划分。默认情况下，用于划分的维度可以自动确定，但是可以指定一个维度覆盖自动选择的维度。

单维度分区的配置参数如表 4-11 所示。

表 4-11　单维度分区的配置参数

属　　性	描　　述	是否必须
type	设置值为 "dimension"	yes
targetPartitionSize	分区大小，根据实际情况设置合适的值，建议将大小控制在 500MB 到 1GB	yes

（续）

属　　　性	描　　　述	是否必须
maxPartitionSize	一个分区中包含的最大数据行数，默认比 "targetPartitionSize" 设置的值大 50%	no
partitionDimension	用于划分分区的维度，如果不设置或者设置为空则自动选择维度划分分区	no
assumeGrouped	假设加载的数据已经按照时间和维度分区，加载过程速度会更快，如果假设不满足，可以选择次优分区	no

分区规则配置样例：

```
"partitionsSpec": {
    "type": "dimension",
    "targetPartitionSize": 5000000
}
```

4.1.4　模式更改

在 Druid 中可以随时更改数据源模式（schema）。在 Druid 中使用数据源名称、时间段、版本和分区编号来确定唯一的一个 Segment。如果同一个时间段内创建了多个 Segment，使用分区编号来划分不同的 Segment。例如，一些 Segment 按小时粒度划分，但是加载的数据量超过了一个 Segment 的容量，这时会在相同的一个小时内创建多个 Segment。这些相同小时内的 Segment 会共享相同的数据源、时间间隔和版本，但是同一小时内不同 Segment 的分区编号不同，新创建的 Segment 将使用更高的版本编号。

Druid 的批量索引能够保证一段时间间隔的索引重建是原子性的。在重建索引完成之前针对该时间段内的 Segment 查询，还是会使用之前已经存在的版本的 Segment 进行计算。一旦重建索引完成，新生成的 Segment 被完全加载到集群，旧版本的 Segment 将被移出集群。Druid 只针对同一时间段内的 Segment 保证原子更新，不同时间段的批量更新不能保证整体原子更新，只要有一个时间段内的 Segment 完成加载就会替换上一个版本的 Segment。

Druid 中同一个数据源上的 Segment 可以使用不同的模式，如果一个维度在一个 Segment 中存在，在另一个 Segment 中不存在，针对这种情况下的查询可以正常使用。例如，查询缺少维度的 Segment 就像是这个维度的值为空。同样，一个 Segment 中存在一个指标，但是另一个 Segment 不存在该指标，针对这种缺少指标 Segment 的查询也会正常的执行，对客户端来说完全透明化，感觉不到指标缺失。

4.2　批量数据摄入

批量数据摄入通过批量索引任务将静态数据加载到 Druid 中，具有吞吐量大、容错能力强等优点，但延迟时间比较长，常用于批量处理离线数据。下面我们将具体讲解基于 Hadoop 的批量数据摄入。

Druid 通过 Hadoop 执行 MapReduce 索引任务批量摄入静态数据，通过向统治节点（Overlord Node）提交任务请求。下面结合一个完整的批量数据摄入的规则定义，介绍各规则属性的详细定义方法。

在 $DRUID_HOME/conf/index_hadoop_bach.json 文件中编写如下批量数据摄入规则。

```json
{
    "type": "index_hadoop",                           # 执行数据摄入任务类型
    "spec": {                                         # 索引规则定义
        "dataSchema": {                               # 数据模式规则定义
            "dataSource": "ad_event",                 # 数据源名称
            "parser": {                               # 数据解析规则定义
                "type": "hadoopyString",
                "parseSpec": {
                    "format": "tsv",                  # 定义数据格式为 TSV 格式
                    "delimiter": "\t",                # 每行数据字段间分隔符为 Tab 键 "\t"
                    "timestampSpec": {
                        "column": "timestamp",        # 设置时间戳字段名称
                        "format": "auto"              # 根据输入数据时间戳格式自动格式化
                    },
                    "columns": [                      # 摄取数据中包含的所有列名称
                        "timestamp","city","platform","orderitem_id","pv_cnt",
                        "click_cnt"
                    ],
                    "dimensionsSpec": {               # 维度规则定义
                        "dimensions": [
                            "city", "platform","orderitem_id"
                        ]
                    }
                }
            },
            "metricsSpec": [                          # 指标规则定义
                {"type": "count", "name": "count"},
                {"type": "longSum", "name": "pv_cnt", "fieldName": "pv_cnt"},
                {"type": "longSum", "name": "click_cnt", "fieldName": "click_cnt"}
            ],
            "granularitySpec": {                      # 粒度规则定义
                "type": "uniform",
                "segmentGranularity": "hour",         # 使用小时粒度创建 Segment
                "queryGranularity": "none",
                "intervals": [                        # 摄取数据的时间范围
                    "2016-12-01/2016-12-02"
                ]
            }
        },
        "ioConfig": {                                 # 数据源规则定义
            "type": "hadoop",                         # 标示数据源为 hadoop
```

```
        "inputSpec": {
            "type": "static",                      # 标示静态数据类型
            "paths": "/data/ad_event/dt=20161201/*" # HDFS 存储数据路径
        }
    },
    "tuningConfig": {                              # 优化规则定义
        "type": "hadoop",                          # hadoop 相关优化参数
        "jobProperties": {
            "mapreduce.map.java.opts": " -Dfile.encoding=UTF-8 -Xmx5120m",
            "mapreduce.reduce.java.opts":" -Dfile.encoding=UTF-8 -Xmx5120m",
            "mapreduce.reduce.memory.mb": "8192",
            "mapreduce.map.memory.mb": "8192",
            "yarn.nodemanager.vmem-pmem-ratio": "16",
            "yarn.nodemanager.pmem-check-enabled": "false"
        },
        "partitionsSpec": {                        # 分区规则定义
            "type": "hashed",                      # 采用哈希分区
            "targetPartitionSize": "5000000"       # 分区大小 500M
        },
        "numBackgroundPersistThreads": 1,
        "useCombiner": "true",        # 执行 MapReduce 任务在 Map 端进行一次合并
        "overwriteFiles": "true"      # 相同时间段内 Segment 已经存在则使用
                                      # 新的 Segment 覆盖
    }
},
    "hadoopDependencyCoordinates": [    # 设置 Hadoop 相关依赖组件
    "org.apache.hadoop:hadoop-client:2.6.0" # 使用 Hadoop2.6.0 版本的客户端
    ]
}
```

1. 基础属性说明

基于 Hadoop 的批量数据摄入的基础属性说明如表 4-12 所示。

表 4-12　基础属性说明

属　　性	描　　述	是否必须
type	任务类型，设置值为"index_hadoop"	yes
spec	Hadoop 索引规则，包括数据模式（"dataSchema"）、数据源（"ioConfig"）、任务执行的优化配置（"tuningConfig"）	yes
hadoopDependencyCoordinates	依赖 Hadoop 的相关组件，此属性将会覆盖默认配置，该属性设置完，Druid 会从 druid.extensions.hadoopDependenciesDir 配置的路径中加载 Hadoop 相关依赖组件，属性值格式为 JSONArray	no
classpathPrefix	将被添加到苦工（Peon）执行任务的环境变量	no

spec 索引规则相关属性已经在 5.1.2 节中介绍过，请参考相关介绍。

2. IOConfig 数据源相关属性说明

IOConfig 数据源相关属性说明如表 4-13 所示。

表 4-13　IOConfig 数据源相关属性说明

属　　性	类　　型	描　　述	是否必须
type	String	设置值为 "hadoop"	yes
inputSpec	JSON 对象	数据源规则	yes

inputSpec 属性设置执行批量索引任务的数据来源，Druid 提供了四种不同形式的数据源，下面详细介绍每种数据源的使用。

（1）static

摄取固定路径下的静态数据，其相关属性如表 4-14 所示。

表 4-14　static 数据源相关属性说明

属　　性	类　　型	描　　述	是否必须
type	String	设置值为 "static"	yes
paths	String	摄取 HDFS 存储的静态数据路径	yes

规则定义样例：

```
"ioConfig" : {
    "type" : "hadoop",
    "inputSpec" : {
        "type" : "static",
        "paths" : "/data/ad_event/dt=20161201/*"
    }
}
```

（2）granularity

根据期望的数据存储路径格式摄取数据，其相关属性说明如表 4-15 所示。

表 4-15　granularity 数据源相关属性说明

属　　性	类　　型	描　　述	是否必须
dataGranularity	String	数据存储路径格式分区粒度，比如 hour 表示按小时分区，对应的 pathFormat 属值为 y=XXXX/m=XX/d=XX/H=XX	yes
inputPath	String	基础路径，在此路径之上查找分区路径	yes
filePattern	String	匹配应该被摄取的数据文件的规则	yes
pathFormat	String	每个目录采用 Joda 日期时间格式，默认值为 " 'y'=yyyy/'m'=MM/'d'=dd/'H'=HH"，日期由小写字母表示，时间由大写字母表示	no

规则定义样例：

```
"ioConfig" : {
    "type" : "hadoop",
    "inputSpec" : {
```

```
        "type" : " granularity ",
        " dataGranularity " : " hour ",
        " inputPath " : "/data/ad_event ",
        " filePattern " : " *.json ",
        " pathFormat " : " y=XXXX/m=XX/d=XX/H=XX "
    }
}
```

（3）dataSource

当 inputSpec 的类型设置为 "dataSource"，从已经存在的数据源中摄取数据，其相关属性说明如表 4-16 所示。

表 4-16　dataSource 数据源相关属性说明

属　　性	类　　型	描　　述	是否必须
type	String	值为 "dataSource"	yes
ingestionSpec	JSON 对象	加载 Druid 中 Segment 规则	yes
maxSplitSize	数字类型	多个 Segment 组个，默认是 "none"	no

其中，ingestionSpec 属性说明如表 4-17 所示。

表 4-17　ingestionSpec 属性说明

属　　性	类　　型	描　　述	是否必须
dataSource	String	Druid 中存在的数据源名称	yes
intervals	列表	ISO-8601 格式的时间范围	yes
segments	列表	读取的 segments 列表，默认自动获取	no
granularity	String	加载数据的查询粒度，默认是 "none"	no
filter	JOSN	过滤器	no
dimensions	数组	加载维度列表，默认在 parseSpec 属性中配置维度列表，如果不明确指出将会加载所有维度	no
metrics	数组	指标名称列表，默认对配置中所有指标聚合	no
ignoreWhenNoSegments	boolean	如果没有设置 Segment 是否忽略，默认没有 Segment 报错	no

规则定义样例：

```
"ioConfig" : {
    "type" : "hadoop",
    "inputSpec" : {
        "type" : "dataSource",
        "ingestionSpec" : {
            "dataSource": "ad_event",
            "intervals": ["2016-12-01T00:00:00Z/ 2016-12-02T00:00:00Z "]
        }
    },
    ...
}
```

（4）multi

将多个 inputSpec 整合到一起构成一个增量加载的 inputSpec，增量加载不是幂等操作。如下例所示：

```
"ioConfig" : {
    "type" : "hadoop",
    "inputSpec" : {
        "type" : "multi",
        "children": [
            {
                "type" : "dataSource",
                "ingestionSpec" : {
                    "dataSource": "ad_event",
                    "intervals": ["2016-12-01T00:00:00Z/2016-12-02T00:00:00Z "]
                }
            },
            {
                "type" : "static",
                "paths": "/data/ad_event2/dt=20161201/*"
            }
        ]
    },
    ...
}
```

3. TuningConfig 优化配置相关属性说明

TuningConfig 优化配置相关属性说明如表 4-18 所示。

表 4-18　TuningConfig 优化配置相关属性说明

属　　性	类　　型	描　　述	是否必须
workingPath	String	存放 Hadoop 作业中间结果的路径（默认值：'/tmp/druid-indexing'）	no
version	String	创建 Segment 的版本（默认值：索引开始的日期时间）	no
partitionsSpec	Object	分区类型（默认值：'hashed'）	no
maxRowsInMemory	Integer	在持久化之前聚合操作的数据行数，这个值是聚合后的行，所以这个值和输入的事件的数量不同，主要用于管理 JVM 堆大小（默认值：5000000）	no
leaveIntermediate	Boolean	（用于调试）任务结束之后中间文件保存在工作目录还是丢弃（默认值：false）	no
cleanupOnFailure	Boolean	当任务失败后是否清除中间文件（默认值：true）	no
overwriteFiles	Boolean	索引过程中发现存在的文件是否覆盖（默认值：false）	no
ignoreInvalidRows	Boolean	出现问题是否忽略（默认值：false）	no
useCombiner	Boolean	在 Map 端进行一次合并操作（默认值：false）	no

（续）

属　　性	类　　型	描　　述	是否必须
jobProperties	Object	Hadoop 任务属性组成的 map 对象，这些属性将添加到 Hadoop 的任务中（默认值：null）	no
buildV9Directly	Boolean	默认值：false	no
numBackgroundPersistThreads	Integer	是否使用新的后台线程去完成持久化，使用此功能会使内存压力和 CPU 使用率显著增长，但是会使任务更快速地完成，推荐设置为 1（默认值：0）	no

通过 HTTP POST 方式向统治节点提交任务请求：

```
curl -X 'POST' -H 'Content-Type:application/json' -d @conf/index_hadoop_bach.
json192.168.1.1:9091/druid/indexer/v1/task
```

通过访问通知节点的 WebUI 控制台页面 192.168.1.1:9091/console.html 查看任务运行状态，运行成功之后访问协调节点 WebUI 控制台页面 192.168.1.1:9093 查看数据源 ad_event 的状态信息，如图 4-1 所示。

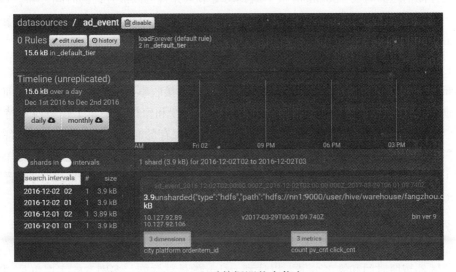

图 4-1　查看数据源状态信息

4.3　流数据摄入

在 Druid 中使用 Tranquility 和 Indexing Service 索引服务实现流式数据摄入，或者通过独立的 Realtime 实时节点实现。第一种方法的配置相对复杂，但是具有可扩展、高可用的特点，符合生产环境的需求。第二种方法配置简单，但是实时节点存在一些自身的限制（请查看 4.1.1 节的介绍），可能会产生一些意想不到的问题。在生产环境中建议使用 Tranquility 配合索引服务一起使用完成流数据摄入。

4.3.1 Tranquility

Tranquility 是使用 Sala 语言开发的一个分布式、高性能、可扩展、无停机的稳定服务，结合索引服务（Indexing Service）一起使用，用于加载实时流数据。Tranquility 在加载流数据过程中主要负责创建、管理索引任务，处理分区、副本、服务发现、数据模式改变等。

1. 任务创建

Tranquility 使用 EventReceiverFirehose 监听 HTTP 端口接收事件，并且为每个 Segment 创建一个实时索引任务。每个索引任务是在创建 Segment 粒度（segmentGranularity）开始阶段接收的第一个事件开始启动的。每个索引任务会与一个特定的分区号相关联，下面介绍分区的时候会说明。通过 firehose 来判断是否抛弃过时的事件和决定任务的结束时间。当创建 Segment 的粒度加窗口期时间到了，则将 Segment 合并移交到深度存储，直到移交成功，任务结束。所以一个实时索引任务的生命周期等于 segmentGranularity+windowPeriod+ 推送事件到深度存储消耗的时长 +Segment 被下载到历史节点并且可以被查询的时间之和。

Tranquility 通过 Zookeeper 协调所有任务的创建，在资源充足的情况下，尽可能多启动一些 Tranquility 实例，提高系统整体的容错和处理能力。

2. Segment 粒度和窗口期

Tranquility 通过窗口期来判断是否删除事件，如果接收事件的时间延迟或者提前时间超过窗口期，则该事件将会被删除。创建 Segment 的粒度和窗口期决定了任务应该持续多长时间，以及数据被移除到深度存储之前在实时系统中保存的时长。窗口期时间设置的越长，则任务需要监听时间的延迟时间越长，当创建 Segment 的粒度满足后就会有新的任务被创建，为了防止出现任务过度累积，建议选择一个合适的值将 windowPeriod 时间设置为小于 segmentGranularity。

3. 分区和副本

Tranquility 通过创建多个任务实现多分区，每个任务都有不同的分区号。默认情况：事件通过分区器按照时间和维度分区，以达到 rollup 的最佳性能。多副本的实现也是创建多个任务，一个事件会被同时发送到多有副本任务，每个任务的分区号是相同的。

4. 数据模式更改

Tranquility 运行一段时间之后需要修改维度或者指标，新的配置规则将应用于之后新的任务，之前创建的任务还将继续使用旧的配置。

5. 流数据接入方式

Tranquility 可以实现两种不同方式的流数据接入，分别是 Stream Push 和 Stream Pull。Stream Push 方式是外部流处理程序通过 HTTP 向 Tranquility 推送数据，也可以通过

Tranquility 提供的 API 嵌入到目前比较流行的流处理框架中，如 Spark、Strom、Flink 等。Stream Pull 方式是 Tranquility 采用拉取的方式从分布式消息系统 Kafka 中将消费消息加载到 Druid 中。注意，所有通过 Tranquility 加载的数据必须是最近时间的数据，延迟时间过长的消息将会被抛弃，历史数据最好通过批处理方式加载到 Druid。

Tranquility 可以在不编写任何代码的情况下，只需要在相关配置文件中设置关键属性，并在启动 Tranquility 服务时指定相关配置文件即可提供稳定的服务。Tranquility 一旦启动，配置文件不能再改变，如需修改属性值，修改完必须重启 Tranquility。一个 Tranquility 服务进程可以处理多个数据源，为了提高系统可用性和稳定性，可以启动多个 Tranquility 服务进程，实现负载均衡。

Indexing Service 中没有集成 Tranquility 项目，需要单独部署。Tranquility 项目 github 地址：https://github.com/druid-io/tranquility。

Tranquility 部署方式非常简单，首先下载安装包解压，然后根据需求编写配置文件，启动服务。

Tranquility0.8.1 下载地址：http://static.druid.io/tranquility/releases/tranquility-distribution-0.8.1.tgz。

Tranquility 安装包解压之后在 conf 目录下有两种模板配置文件：一种是启动自身服务监听端口接收 Stream Push 方式推送数据的配置文件 server.json.example；另外一种是采用 Stream Pull 方式从 Kafka 拉取消息的配置文件 kafka.json.example。根据实际摄取流数据的方式选择合适的配置文件重命名修改属性值即可使用。

样例模板配置如下：

```
{
    "dataSources" : [
        {
            "spec" : {
                "dataSchema" : {
                    "dataSource" : "...",
                    "parser" : {...},
                    "metricsSpec" : [...],
                    "granularitySpec" : {...}
                },
                "tuningConfig" : {...}
            },
            "properties" : {...}
        }
    ],
    "properties" : {
        "zookeeper.connect" : "...",
        "zookeeper.timeout" : "PT20S",
        "http.port" : "8200",
        "http.threads" : "40"
        "druid.selectors.indexing.serviceName" : "druid/overlord",
```

```
        "druid.discovery.curator.path" : "/druid/discovery",
        # Kafka 相关属性
        "kafka.zookeeper.connect" : "...",
        "kafka.group.id" : "tranquility-groupid",
        "consumer.numThreads" : "2",
        "commit.periodMillis" : "15000",
        "reportDropsAsExceptions" : "false"
    }
}
```

上述样例配置文件由两部分组成：dataSources 属性对应 Druid 数据源相关规则配置（注意：dataSources 属性值是个数组，可以配置多个数据源）和 properties 属性对应 Tranquility 的全局属性配置，properties 属性配置将会应用到所有数据源。

dataSource 配置包含"spec"和"properties"两部分："spcc"包含 Druid 摄取数据的规则，其中不需要配置"ioConfig"和 Tranquility 内部自带的 firehose 和 plumber 插件；properties 配置为全局属性配置，在 dataSource 中配置 properties 属性将会覆盖外层的全局属性配置。

properties 全局属性说明如表 4-19 所示。

表 4-19　properties 全局属性说明

属　　性	描　　述	默认值
druid.discovery.curator.path	服务发现路径	/druid/discovery
druid.selectors.indexing.serviceName	提供索引服务的 Overlord 统治节点服务名称	druid/overlord
druidBeam.firehoseBufferSize	firehose 组件缓存事件大小	100000
druidBeam.firehoseChunkSize	一次 HTTP 请求包含的最大事件数	1000
druidBeam.firehoseGracePeriod	窗口过期时间，过期之后索引任务将被关闭	PT5M
druidBeam.firehoseRetryPeriod	失败重试间隔时间	PT1M
druidBeam.indexRetryPeriod	调用索引服务的 Overlord 失败，重试间隔时长	PT1M
task.partitions	分区数	1
task.replicants	副本数	1
tranquility.blockOnFull	当接收消息队列被装满，如果设置为"true"，新的提交请求将阻塞，如果设置为"false"，新的请求将会接收到 tranquility 抛出的异常信息	true
tranquility.maxBatchSize	批量发送的最大消息数	2000
tranquility.maxPendingBatches	等待阻塞的请求批次数	5
zookeeper.connect	ZooKeeper 链接地址	none（必须提供）
zookeeper.timeout	连接 ZooKeeper 超时时间	PT20S
http.port	Tranquility 服务监听的端口号	8200
http.threads	处理 HTTP 请求的线程数	40
http.idleTimeout	空闲等待时长，ISO8601 格式的时间间隔，设置为 0 表示禁用此属性	PT5M

4.3.2　StreamPush

Stream Push 方式是外部流处理程序通过 HTTP 向 Tranquility 推送数据，也可以通过 Tranquility 提供的 API 嵌入到流处理程序中，比如目前比较流行的流处理框架 SparkStreaming、Strom、Flink 等。本节将介绍使用 Tranquility 通过 HTTP 的方式将数据推送到 Druid 生成 Segment 的方式。

下面通过一个简单的例子了解整体的加载流程。

JSON 数据格式如下：

```
{"timestamp": "2016-12-01T01:00:00Z","city": "beijing","platform":"pc","orderitem_id":
"123" ,"pv_cnt":100, "click_cnt":15}
```

编辑 $TRANQUILITY_HOME/conf/server.json 配置文件，数据源名称为"ad_event_stream"，时间戳"timestamp"，维度列表包括"city"城市，"platform"平台，"orderitem_id"订单项 ID，指标列表包含"pv_cnt"曝光量，"click_cnt"点击量，HTTP 监听端口8200。详细配置如下：

```
{
    "dataSources" : [
        {
            "spec" : {
                "dataSchema" : {
                    "dataSource" : "ad_event_stream",
                    "parser" : {
                        "type" : "string",
                        "parseSpec" : {
                            "format" : "json",
                            "timestampSpec" : {"column" : "timestamp","format" : "auto"},
                            "dimensionsSpec" : {
                                "dimensions" : ["city","platform","orderitem_id"]
                            }
                        }
                    },
                    "metricsSpec" : [
                        {"type" : "count","name" : "count"},
                        {"fieldName" : "pv_cnt","type" : "longSum","name" : "pv_cnt"},
                        {"fieldName" : "click_cnt","type" : "longSum","name" : "click_cnt"}
                    ],
                    "granularitySpec" : {
                        "segmentGranularity" : "hour",
                        "queryGranularity" : "none",
                        "type" : "uniform"
                    }
                },
                "tuningConfig" : {
                    "type" : "realtime",
```

```
                    "windowPeriod" : "PT10M",
                    "intermediatePersistPeriod" : "PT10M",
                    "maxRowsInMemory" : 75000
                }
            },
            "properties" : {
                "task.partitions" : "2",
                "task.replicants" : "2"
            }
        }
    ],
    "properties" : {
        "zookeeper.connect" : "192.168.1.1:2181,192.168.1.2:2181,192.168.1.3:2181",
        "http.port" : "8200",
        "http.threads" : "40"
    }
}
```

如果 Tranquility Server 已经启动，请先关闭，使用新的配置文件重新启动 Tranquility Server。

启动命令如下：

```
bin/tranquility server -configFile conf/server.json
```

通过 curl 发送 HTTP 请求，将含有 10 条测试数据的 ad_event_stream_data.json 数据文件发送到 Tranquility。

HTTP 发送数据文件命令如下：

```
curl -XPOST -H'Content-Type: application/json' \
--data-binary @ ad_event_stream_data.json\
http://localhost:8200/v1/post/ ad_event_stream
```

发送成功并返回结果 {"result":{"received":10,"sent":10}}，表明 HTTP 服务器已成功接收到了 10 条消息，并成功加载到 Druid 中。如果返回结果"sent"对应的数字是 0，说明发送的数据时间戳已经超过了窗口期，需要调整时间戳重新发送数据。

至此，Druid 加载流数据完成，可以通过 Druid 提供的查询方式查询已经加载的数据，了解 Druid 提供的查询方式请参考第 6 章关于查询方式的介绍。

4.3.3　从 Kafka 中摄取数据

本节将介绍通过 Stream Pull 的方式从 Kafka 拉取数据加载到 Druid 中。具体操作过程如下。

在 kafka 中创建名称为"ad_stream_event"的 Topic，副本为 2，分区为 3：

```
./bin/kafka-topics.sh --create \
--zookeeper 192.168.1.1:2181,192.168.1.2:2181,192.168.1.3:2181\
```

```
--replication-factor 2
--partitions 3
--topicad_stream_event
```

编辑 $TRANQUILITY_HOME/conf/kafka.json 配置文件，数据源名称为"ad_event_ stream"，时间戳为"timestamp"，维度列表包括"city"城市、"platform"平台、"orderitem_ id"订单项 ID，指标列表包含"pv_cnt"曝光量、"click_cnt"点击量，详细配置如下：

```
{
    "dataSources" : [
        {
            "spec" : {
                "dataSchema" : {
                    "dataSource" : "ad_event_stream",
                    "granularitySpec" : {
                        "queryGranularity" : "none",
                        "type" : "uniform",
                        "segmentGranularity" : "hour"
                    },
                    "parser" : {
                        "type" : "string",
                        "parseSpec" : {
                            "timestampSpec" : {"format" : "auto","column" : "timestamp"},
                            "format" : "json",
                            "dimensionsSpec" : {
                                "dimensions" : ["city","platform","orderitem_id"]
                            }
                        }
                    },
                    "metricsSpec" : [
                        {"type" : "count", "name" : "count"},
                        {"type" : "longSum", "name" : "pv_cnt","fieldName" : "pv_cnt"},
                        {"name" : "click_cnt","type" : "longSum","fieldName" : "pv_cnt"}
                    ]
                },
                "tuningConfig" : {
                    "type" : "realtime",
                    "intermediatePersistPeriod" : "PT10M",
                    "windowPeriod" : "PT10M",
                    "maxRowsInMemory" : 75000
                }
            },
            "properties" : {
                "task.partitions" : "3",
                "task.replicants" : "2"
            }
        }
    ],
    "properties" : {
```

```
    "zookeeper.connect" : "192.168.1.1:2181,192.168.1.2:2181,192.168.1.3:2181",
    "zookeeper.timeout" : "PT20S",
    "druid.selectors.indexing.serviceName" : "druid/overlord",
    "druid.discovery.curator.path" : "/druid/discovery",
    "kafka.zookeeper.connect":"192.168.1.1:2181,192.168.1.2:2181,192.168.1.3:2181",
    "kafka.group.id" : "tranquility-ad-stream",
    "consumer.numThreads" : "3",
    "commit.periodMillis" : "15000",
    "reportDropsAsExceptions" : "false"
    }
}
```

启动 Tranquility 命令如下：

```
bin/tranquility kafka -configFile conf/kafka.json
```

如果之前已启动，请先关闭再重新启动。

使用 kafka 提供的消息生产者客户端向 kafka 发送数据，命令如下：

```
./bin/kafka-console-producer.sh \
--broker-list 192.168.1.1:9092,192.168.1.2:9092, 192.168.1.3:9092 \
--topic ad_event_stream
```

至此，Druid 从 Kafka 加载数据完成，可以通过 Druid 提供的查询方式查询已经加载的数据，了解 Druid 提供的查询方式请参考第 6 章关于查询方式的介绍。

4.4 数据更新

对于已经存在的数据源，如果想修改历史数据模式，改变 Segment roll-up 粒度，增量添加数据，有几种情况可以操作。

1. lookup

由于 Druid 目前不支持 JOIN 关联操作，如果在数据源中只存储 ID 没有存储名称，在查询过程中需要频繁地更新 ID 对应的名称，推荐使用 lookup 功能。

小数量级的查找替换使用 Map 类型的 lookup，规则定义格式如下：

```
{
    "type":"lookup",
    "dimension":" dimension_name",
    "outputName":" dimension_outputname",
    "replaceMissingValueWith":"",
    "retainMissingValue":false,
    "lookup":{"type": "map", "map":{"key":"value"}}
}
```

其属性说明如表 4-20 所示。

表 4-20　lookup 相关属性说明

属　　性	描　　述
Type	设置值为"lookup"
Dimension	维度名称
outputName	输出维度名称
replaceMissingValueWith	替换未查找出结果的值，默认""等同于设置值为"null"。当 retainMissingValue 设置为 false 时有效
retainMissingValue	如果为查找出对应的值，是否保留维度原值，默认 false
lookup	Map 类型 lookup 定义规则，属性 type 值为"map"。属性 map 值为 JSON 对象，该 JSON 对象包含的每对 key-value 键值都是一组用于查找的对象，key 是维度中可能的值，value 是匹配成功输出的值

2. 重建索引

如果想对已经存在一段时间内的 Segment 添加或者删除列，或者想改变 Segment rollup 粒度，需要重建索引。建议在重建索引之前保存原 Segment 的副本，防止意外情况的发生。重建索引可以使用基于 Hadoop 的批量数据摄入方式。

3. 增量加载

如果采用批量数据摄入的方式，并且不断有延迟时间添加进来，需要将延迟数据追加到已存在的 Segment 中，为了避免重建索引，采用增量加载的方式。

基于 Hadoop 完成增量加载。Druid 通过 ioConfig 和 inputSpec 属性可以知道从什么位置加载数据以及采用什么方式读取数据。对于简单的 Hadoop 批量加载，通过 static 或者 granularity 两种方式读取存储在深度存储中的数据。ioConfig 和 inputSpec 属性的具体使用方法请参考 5.2.1 节关于 inputSpec 的详细介绍。

4.5　小结

本章主要介绍了 Druid 数据摄入的详细模式设计。基于 Hadoop 的批量静态数据摄入，索引服务结合 Tranquility 服务实现流数据以 StreamPush 和 SreamPull 的两种摄入方式。介绍了通过使用 Druid 提供的 lookup 功能实现关联操作，基于 Hadoop 的批量静态数据摄入实现对已存在 Segment 的模式更改和增量加载。通过对本章的学习，大家可以熟练掌握对 Druid 数据摄入的使用方法。

第 5 章

Druid 客户端

5.1 涉及组件

5.1.1 查询相关

1. 数据源

Druid 中的数据源与我们比较熟悉的关系数据库中表的概念等同，所有分析查询都是基于数据源进行分析计算。在"groupBy"查询中提供了类似子查询的功能。下面介绍常用的三种数据源。

（1）单表数据源

最常用的数据源，定义方式如下：

```
{
    "type": "table",
    "name": "<string_value>"
}
```

在实际使用中可以直接用字符串表示，下面以时间序列查询举例说明：按天粒度查询数据源"ad_event"在 2016-12-01 到 2016-12-03 时间区间内数据总量。查询规则定义如下：

```
{
    "queryType": "timeseries",
    "dataSource": "ad_event",
    "granularity": "day",
    "aggregations": [
        { "type": "longSum", "name": "count", "fieldName": "count" }
    ],
```

```
    "intervals": [ "2016-12-01/2016-12-03" ]
}
```

返回结果：

```
[ {
    "timestamp" : "2016-12-01T00:00:00.000Z",
    "result" : {
        "count" : 10
    }
}, {
    "timestamp" : "2016-12-02T00:00:00.000Z",
    "result" : {
        "count" : 10
    }
} ]
```

（2）联合数据源

联合数据源表示将多个数据源联合起来作为一个数据源，在使用过程中联合的多个数据源的数据模式要保持一致，并且只能通过 Broker 或者路由节点查询，不能直接请求 Historical 节点查询。定义方式如下：

```
{
        "type": "union",
        "dataSources": ["dataSource1", " dataSource2",  ... ]
}
```

下面以时间序列查询举例说明：按天粒度查询数据源"ad_event"和"ad_event_repl"在 2016-12-01 到 2016-12-03 时间区间内的数据总量，为了说明问题，创建"ad_event"数据源的副本数据源"ad_event_repl"，此时查询的数据总量应该等于上例中查询结果的两倍。查询规则定义如下：

```
{
    "queryType": "timeseries",
    "dataSource": {
        "type": "union",
        "dataSources": ["ad_event"," ad_event_repl "]
    },
    "granularity": "day",
    "aggregations": [
        { "type": "longSum", "name": "count", "fieldName": "count" }
    ],
"intervals": [ "2016-12-01/2016-12-03" ],
}
```

返回结果：

```
[ {
    "timestamp" : "2016-12-01T00:00:00.000Z",
```

```
    "result" : {
        "count" : 20
    }
}, {
    "timestamp" : "2016-12-02T00:00:00.000Z",
    "result" : {
        "count" : 20
    }
} ]
```

（3）查询数据源

查询数据源类似嵌套查询，内层查询的结果作为外层查询的数据源。目前只支持将"groupBy"的查询结果作为查询数据源，定义方式如下：

```
{
    "type": "query",
    "query": {
        "type": "groupBy",
        ...
    }
}
```

2. 查询上下文

Context 查询上下文参数主要在查询规则中使用，可选参数如下所示：

❑ timeout：超时时间，超过超时时间没有完成的任务会被取消，默认值 0（没有超时时间），单位是毫秒。

❑ priority：查询优先级，具有高优先级的查询优先获取到查询资源，默认值 0。

❑ queryId：查询唯一标识，如果设置了 queryId 或者已知 queryId，可以使用 queryId 取消查询。

❑ useCache：是否将查询保存到查询缓存，这个配置会覆盖 Broker 或者 Historical 的配置，默认值 true。

❑ populateCache：是否将查询结果保存到查询缓存，主要用于调试。这个配置会覆盖 Broker 或者 Historical 的配置，默认值 true。

❑ bySegment：返回"by segment"结果，主要用于调试，如果设置为 true，将会返回与结果相关联的数据段信息，默认值 false。

❑ chunkPeriod：Broker 节点，长时间间隔的查询（任何类型）会被分成多个短时间间隔的查询，减少对资源的影响。使用 ISO_8601 时间格式定义周期，如：当一个查询的时间间隔覆盖一年，如果这个属相设置 P1M（一个月），将按月被拆分成 12 个更小的查询，所有的查询会被异步执行处理，确保 "druid.processing.numThreads" 设置适当的值，默认值 0。

❑ skipEmptyBuckets：Timeseries 时间序列查询返回结果没有值时会自动补零，该属性值设置为 true 将跳过空值的结果。

❑ minTopNThreshold：每一个 Segment 的结果合并到一起，组成一个全局的 TopN 结果集的最小结果数，默认值 1000。

❑ maxResults："groupBy"查询返回最大结果数。默认在 Broker 和 Historical 节点配置文件中调整 druid.query.groupBy.maxResults 值，查询规则中改变最大结果数必须小于 Broker 和 Historical 节点中设置的值，默认值 500000。

❑ maxIntermediateRows："groupBy"查询处理单个 Segment 的最大中间行数。默认在 Broker 和 historical 节点配置文件中调整 druid.query.groupBy.maxIntermediateRows 值，查询规则中改变最大中间行数必须小于 Broker 和 Historical 节点中设置的值，默认值 50000。

❑ groupByIsSingleThreaded：是否使用单独线程处理"groupBy"查询。默认在 historical 节点修改 druid.query.groupBy.singleThreaded 值来调整，默认值 false。

5.1.2　过滤器

Druid 中的过滤条件类似 SQL 语句中的"where"限制条件，用于过滤无效数据，提高聚合计算查询性能。在定义查询规则时通过"filter"配置项添加过滤规则，"filter"配置项的值为定义过滤规则的 JSON 对象。下面介绍几种常用的过滤条件。

1. 选择过滤器

选择过滤是最常用、最简单、也是最直接的一种过滤方式，等同于 SQL 语句"where"限制条件中的"column = value"。使用选择过滤需要配置三个配置项：type——过滤类型值为"selector"，dimension——需要过滤的维度名称，value——过滤的维度值。

实现 SQL 语句中"where city='beijing'"的选择过滤配置项为："filter"：{"type"："selector"，"dimension"："city"，"value"："Beijing"}

2. 正则表达式过滤器

正则表达式过滤器通过使用 Java 正则表达式匹配维度值获取满足条件的数据，正则表达式过滤器的使用非常简单，需要配置三个配置项：type——过滤类型值为"regex"，dimension——需要过滤的维度名称，pattern——过滤使用的正则表达式。

样例配置规则如下：

```
"filter": { "type": "regex", "dimension": <dimension_string>, "pattern": <pattern_string> }
```

3. 逻辑过滤器

逻辑过滤器提供与、或、非三种逻辑关系过滤，逻辑过滤器的使用需要配置两个配置项：type——过滤类型值为"and""or""not"，表示与、或、非三种逻辑关系；fields 值为 JSON 数组，数组中定义不同的子过滤器，子过滤器可以使用其他类型的任何过滤器，他们之间的逻辑关系就是 type 配置项定义的逻辑关系。

样例配置规则如下：

```
"filter": { "type": "and", "fields": [<filter>, <filter>, ...] }
"filter": { "type": "or", "fields": [<filter>, <filter>, ...] }
"filter": { "type": "not", "field": <filter> }
```

通过示例展示与 SQL 语句中 where (city='beijing' or city='shanghai') and platform != 'pc' 等价的查询规则，定义如下：

```
"filter": {
    "type": "and",
    "fields": [
        {
            "type": "or",
            "fields": [
                {
                    "type": "selector",
                    "dimension": "city",
                    "value": "beijing"
                },
                {
                    "type": "selector",
                    "dimension": "city",
                    "value": "shanghai"
                }
            ]
        },
        {
            "type": "not",
            "fields":{
                    "type": "selector",
            "dimension": "platform",
                    "value": "pc"
                }
        }
    ]
}
```

4. In 过滤器

In 过滤器的使用与选择过滤器类似，实现与 SQL 语句 where 限制条件中使用的 in 相同的过滤功能。使用 In 过滤器需要配置三个配置项：type——过滤类型值为"in"，dimension——维度名称，values——数组结构。

通过示例展示与 SQL 语句中 where city in ('beijing','shanghai,'guangzhou','shenzhen') 等价的查询规则，定义如下：

```
"filter": {
    "type": "in",
    "dimension": "city",
```

```
    "values": ["beijing", "shanghai", "guangzhou","shenzhen"]
}
```

5. 比较过滤器

比较过滤器的实现同 SQL 语句 where 限制条件中使用的 " >= "、" <= "、" > "、" < " 运算符，在给定的上界、下界范围之内过滤。使用比较过滤器有七个配置项可以配置：type 过滤类型值为 " bound"，dimension 值为维度名称，lower 值为下界，upper 值为上界，上界和下界值的类型都为字符串，字母区分大小写，如果值为数字，则设置配置项 alphaNumeric 的值为 true。lowerStrict 配置项表示是否包含下界，默认包含下界，如果设置值为 true 表示不包含下界。upperStrict 配置项表示是否包含上界，默认包含上界，如果设置值为 true 表示不包含下界。

通过示例展示与 SQL 语句中 whereage>=20 and age<=30 等价的查询规则，定义如下：

```
"filter": {
    "type": "bound",
    "dimension": "age",
    "lower": "20",
    "lowerStrict": true,
    "upper": "30" ,
    "upperStrict": true,
    "alphaNumeric": true
}
```

6. JavaScript 过滤器

JavaScript 过滤器使用灵活方便，可以根据实际需求在不修改代码的情况下实现自定义过滤规则。自定义规则通过 JavaScript 函数实现，该函数通过接收传入的维度值和过滤规则匹配，匹配成功返回 true，反之返回 false，返回值为 false 的维度值将会被过滤掉，聚合计算将会在返回 true 的数据集上进行计算。使用 JavaScript 过滤器需要设施三个配置项：type 过滤类型值为 " javascript"，dimension 值为维度名称，function 值为 JavaScript 函数。

通过示例展示与 SQL 语句中 where city='beijing' or city='shanghai' 等价的查询规则，定义如下：

```
{
    "type" : "javascript",
    "dimension" : "city",
    "function" : "function(value) { return(value== 'beijing' ||value== 'shanghai') }"
}
```

5.1.3　聚合粒度

聚合粒度通过 " Granularity" 配置项指定聚合时间跨度，时间跨度范围要大于等于创建索引时设置的索引粒度。Druid 提供了 Simple、Duration、Period 三种类型聚合粒度。

1. Simple 聚合粒度

Simple 聚合粒度通过 Druid 提供的固定时间粒度进行聚合，以字符串形式表示，定义查询规则中不需要显示设置"type"配置项。目前 Druid 提供的常用 Simple 粒度：all、none、minute、fifteen_minute、thirty_minute、hour、day，从 0.9.1 版本开始增加 month、Quarter、year 三种粒度。

- ❑ all：会将起始和结束时间内的所有数据聚合到一起返回一个结果集，如果没有指定起始和结束时间，则返回数据源从最早开始的所有数据聚合之后的结果集。
- ❑ none：按照索引创建时的最小粒度做聚合计算，最小粒度以毫秒为单位，在时间序列查询类型中不推荐使用 none 粒度。
- ❑ minute：以分钟作为聚合的最小粒度。
- ❑ fifteen_minute：以十五分钟作为聚合的最小粒度。
- ❑ thirty_minute：以三十分钟作为聚合的最小粒度。
- ❑ hour：以小时作为聚合的最小粒度。
- ❑ day：以天作为聚合的最小粒度。

例如：数据源 ad_event 索引粒度为小时，维度为城市（city），平台（platform），订单项 id（orderitem_id），指标为曝光量（pv_cnt），点击量（click_cnt）。包含的所有字段样例数据如下：

```
2016-12-01T01:00:00Z    beijing pc              1       100     10
2016-12-01T01:00:00Z    shanghai        pc      1       120     15
2016-12-01T01:00:00Z    guangzhou       pc      1       150     10
2016-12-01T01:00:00Z    shenzhen        pc      1       200     18
2016-12-01T01:00:00Z    chongqing       pc      1       180     12
2016-12-01T02:00:00Z    beijing pc              1       260     30
2016-12-01T02:00:00Z    shanghai        pc      1       240     20
2016-12-01T02:00:00Z    guangzhou       pc      1       300     15
2016-12-01T02:00:00Z    shenzhen        pc      1       220     20
2016-12-01T02:00:00Z    chongqing       pc      1       240     10
```

当提交以天（day）作为粒度的 groupBy 查询，统计 2016 年 12 月 01 日的曝光量，曝光量的输出字段名称为"pv"，查询规则如下：

```
{
    "queryType":"groupBy",
    "dataSource":"ad_event",
    "granularity":"day",
    "dimensions":[ "city" ],
    "aggregations":[
        {
            "type":"longSum",
            "name":"pv",
            "fieldName":" pv_cnt",
        }
```

```
    ],
    "intervals":["2016-12-01/2016-12-02"]
}
```

返回结果如下：

```
[ {
    "version" : "v1",
    "timestamp" : "2016-12-01T00:00:00.000Z",
    "event" : {
        "pv" : 360,
        "city" : "beijing"
    }
}, {
    "version" : "v1",
    "timestamp" : "2016-12-01T00:00:00.000Z",
    "event" : {
        "pv" : 420,
        "city" : "chongqing"
    }
}, {
    "version" : "v1",
    "timestamp" : "2016-12-01T00:00:00.000Z",
    "event" : {
        "pv" : 450,
        "city" : "guangzhou"
    }
}, {
    "version" : "v1",
    "timestamp" : "2016-12-01T00:00:00.000Z",
    "event" : {
        "pv" : 360,
        "city" : "shanghai"
    }
}, {
    "version" : "v1",
    "timestamp" : "2016-12-01T00:00:00.000Z",
    "event" : {
        "pv" : 420,
        "city" : "shenzhen"
    }
} ]
```

2. Duration 聚合粒度

Duration 聚合粒度提供了更加灵活的聚合粒度，不只局限于 Simple 聚合粒度提供的固定聚合粒度，而是以毫秒为单位自定义聚合时间跨度，比如两个小时做一次聚合可以设置 duration 配置项为 7200000 毫秒，对于 Simple 聚合粒度不能够满足的聚合粒度可以选用 Duration 聚合粒度。

使用 Duration 聚合粒度需要设置配置项 type 值为" duration"。配置项 duration 值为时间跨度，单位毫秒。配置项 origin 值为起始时间（UTC 时间），如果设置该配置项，则提交的查询请求将从配置的起始时间开始按照聚合粒度返回查询结果。

实现上例中相同功能的查询规则如下：

```
{
    "queryType":"groupBy",
    "dataSource":"ad_event ",
    "granularity":{
        "type":"duration",
        " duration ":"86400000"
    },
    "dimensions":["city" ],
    "aggregations":[
        {
            "type":"longSum",
            "name":"pv",
            "fieldName":" pv_cnt",
        }
    ],
    "intervals":[ "2016-12-01/2016-12-02" ]
}
```

3. Period 聚合粒度

Period 聚合粒度采用 ISO_8601 提供的日期格式，常用的几种时间跨度表示方式：一小时的表示方式是 PT1H，一周的表示方式是 P1W，一天的表示方式是 P1D，一个月的表示方式是 P1M。使用 Period 聚合粒度需要设置配置项 type 值为" period"。配置项 period 值为 ISO_8601 格式的时间跨度。配置项 zone 值为查询时区（可选项），默认值为 UTC 时间。配置项 origin 值为起始时间（可选项），默认值为 1970-01-01T00:00:00。

关于 ISO_8601 日期格式的详细信息请参考维基百科关于 ISO_8601 的详细介绍：https://en.wikipedia.org/wiki/ISO_8601。

实现上例中相同功能的查询规则如下：

```
{
    "queryType":"groupBy",
    "dataSource":"ad_event ",
    "granularity":{
        "type":"period",
        "period":"P1D"
    },
    "dimensions":["city"],
    "aggregations":[
        {
            "type":"longSum",
            "name":"pv",
            "fieldName":" pv_cnt",
```

```
    }
  ],
  "intervals":[ "2016-12-01/2016-12-02" ]
}
```

> 注意　intervals 配置项用于设置查询数据源的开始时间和结束时间范围，设置时间能够缩小聚合查询的范围，提高查询速度。

5.1.4　聚合器

聚合器可以在数据摄入阶段和查询阶段使用。在数据摄入阶段使用聚合器能够在数据被查询之前按照维度进行聚合计算，提高查询阶段聚合计算性能。在查询过程中使用聚合器能够实现各种不同指标的组合计算。

聚合器公共属性解释：

❑ type：声明应用的聚合器类型。

❑ name：定义返回值的字段名称，相当于 SQL 语法中的字段别名。

❑ fieldName：数据源中已定义的指标名称，该值不可以自定义，必须与数据源中的指标名一致。

1. 常用聚合器

（1）CountAggregator

计数聚合器，等同于 SQL 语法中的"count"函数，用于计算 Druid rollup 合并之后的数据条数，并不是摄入原始数据的条数。在定义数据模式的指标规则中必须添加一个"count"类型的计数指标"count"。计算摄入的原始数据条数使用 longSum 聚合器对指标"count"执行求和计算。

计数聚合器查询规则定义格式如下：

```
{ "type" : "count", "name" : <output_name> }
```

（2）Sum Aggregator

求和聚合器，等同于 SQL 语法中的"sum"函数，用于指标求和计算。Druid 提供两种类型的求和聚合器，分别是 64 位长整型求和聚合器 longSum 和精度更高的 64 位浮点数求和聚合器 doubleSum。

求和聚合器查询规则定义格式如下：

```
{ "type" : "longSum", "name" : <output_name>, "fieldName" : <metric_name> }
{ "type" : "doubleSum", "name" : <output_name>, "fieldName" : <metric_name> }
```

（3）Min/Max Aggregator

最小 / 最大值聚合器，等同于 SQL 语法中的"min"/"max"函数，用于计算指定指标

最小 / 最大值。

Druid 提供了两种精度不同的最小 / 最大聚合器，查询规则定义格式如下：

```
doubleMin Aggregator
{ "type" : "doubleMin", "name" : <output_name>, "fieldName" : <metric_name> }
doubleMax Aggregator
{ "type" : "doubleMax", "name" : <output_name>, "fieldName" : <metric_name> }
longMin Aggregator
{ "type" : "longMin", "name" : <output_name>, "fieldName" : <metric_name> }
longMax Aggregator
{ "type" : "longMax", "name" : <output_name>, "fieldName" : <metric_name> }
```

（4）JavaScript Aggregator

使用 JavaScript 聚合器可以自定义聚合器逻辑，如果 Druid 已经提供其他聚合器实现了最终的需求，最好使用内置的聚合器，不推荐使用 JavaScript 聚合器，JavaScript 聚合器的性能相比内置聚合器要差很多。

JavaScript 聚合器查询规则定义格式如下：

```
{ "type": "javascript",
    "name": "<output_name>",                        # 输出字段名称
    "fieldNames" : [<column1>, <column2>, ...],      # 参与聚合计算的指标列表
    "fnAggregate" : "function(current, column1, column2, ...){
                                                     # 聚合函数方法体，实现局部聚合
                    return <updated partial aggregate>
            }",
    "fnCombine":"function(partialA, partialB) {
                                                     # 合并局部聚合结果
                    return <combined partial results>;
            }",
    "fnReset":"function(){return <initial value>;}"   # 返回初始值
}
```

（5）DataSketche Aggregator

DataSketche 近似基数计算聚合器，使用该聚合器需要下载 DataSketche 依赖组件，并且在 conf/druid/_common/common.runtime.properties 配置文件中声明加载依赖 druid.extensions.loadList=["druid-datasketches"]。

常用使用场景：高基数维度的去重计算，如独立用户数 UV 计算，在大数据集中计算独立用户数是一个特别耗时耗资源的计算，而且在 Druid 中存储如 UUID、USERID 等高基数维度的数据发挥不出 rollup 特性。

DataSketche 聚合器的使用需要在数据摄入阶段使用，其属性说明如表 5-1 所示。

表 5-1　DataSketche 聚合器的属性说明

属　　性	描　　述	是否必须
type	设置值为"thetaSketch"	yes
name	输出字段名称	yes

（续）

属　　性	描　　述	是否必须
fieldName	指标名称	yes
isInputThetaSketch	在数据摄入阶段的索引过程中使用，表示输入的数据源是否包含 sketch 结构，默认值 false	no
size	在 sketch 中存储的最大条目数，在创建索引时 sketch 存储在 Segment 中，Size 值越大计算精度越高，占用存储空间越大，查询性能也随之降低。如果修改该值应该设置为 2 的幂次方，推荐使用默认值 16384	no

DataSketche 聚合器在数据摄入阶段规则定义格式如下：

```
{
    "type" : "thetaSketch",
    "name" : <output_name>,
    "fieldName" : <metric_name>,
    "isInputThetaSketch": false,
    "size": 16384
}
```

DataSketche 聚合器在查询阶段规则定义格式如下：

```
{
    "type" : "thetaSketch",
    "name" : <output_name>,
    "fieldName" : <metric_name>
}
```

2. 后聚合器

post-aggregator 后聚合器用于对聚合结果进行二次处理的计算，使用后聚合器时涉及的指标在聚合计算的过程中都要包含，否则无法正常使用。通过一个 SQL 语句来说明这句话的含义，为了突出后聚合的语义效果没有使用一次查询完成，而是使用嵌套查询。

样例：从 ad_event 表计算日期 20161201 的广告总点击量、曝光量和曝光率，曝光率等于点击量除以曝光量，报关率的计算在 Druid 查询中需要使用后聚合器实现。

```
select t. click_cnt,t. pv_cnt,(t.click/t.pv*100) click_rate
from(
    select sum(click_cnt) click_cnt),sum(pv_cnt) pv_cnt
    from ad_event
    where dt='20161201'
) t
```

等价的带有后聚合查询规则定义如下：

```
{
    "queryType": "groupBy",
    "dataSource": "ad_event",
    "granularity": "day",
```

```
"intervals": [
    "2016-12-01/2016-12-02"
],
"aggregations": [
    {
        "type": "longSum",
        "name": "pv_cnt",
        "fieldName": "pv_cnt"
    },
    {
        "type": "longSum",
        "name": "click_cnt",
        "fieldName": "click_cnt"
    }
],
"postAggregations": [
    {
        "type": "arithmetic",
        "name": "click_rate",
        "fn": "*",
        "fields": [
            {
                "type": "arithmetic",
                "name": "div",
                "fn": "/",
                "fields": [
                    {
                        "type": "fieldAccess",
                        "name": "click_cnt",
                        "fieldName": "click_cnt"
                    },
                    {
                        "type": "fieldAccess",
                        "name": "pv_cnt",
                        "fieldName": "pv_cnt"
                    }
                ]
            },
            {
                "type": "constant",
                "name": "const",
                "value": 100
            }
        ]
    }
]
}
```

目前 Druid 提供了 Arithmetic post-aggregator 算数运算后聚合器，还有个人认为是辅助其他后聚合器使用的 Field accessorpost-aggregator 和 Constant post-aggregator 两种类型后聚合器。Field accessor 类型的后聚合器定义引用哪些聚合指标。Constant 类型的后聚合器返回一个常数值，常用于辅助其他后聚合器进行组合运算。

类似上例中点击率的计算过程，通过 Field accessor 后聚合器引用曝光量和点击量两个聚合指标，除运算后聚合器根据点击量和曝光量的比率，由于点击率需要乘以 100，则使用 Constant 后聚合器返回常数 100，再次调用乘后聚合器将常数 100 与第一次后聚合器返回结果相乘，最终返回结果集。

算数运算后聚合器提供基础的加"+"、减"-"、乘"*"、除"\"和"quotient"商算数运算。使用除"\"运算时，如果除数为 0 则直接返回结果 0。

算数运算后聚合器规则定义格式如下：

```
postAggregation : {
    "type" : "arithmetic",
    "name" : <output_name>,
    "fn" : <arithmetic_function>,
    "fields": [<post_aggregator>, <post_aggregator>, ...],
    "ordering" : <null (default), or "numericFirst">
}
```

与常用聚合器相同，在 Druid 中也提供了 JavaScript 后聚合器用于自定义实现定制逻辑的后聚合器，JavaScript 后聚合器性能相对内置后聚合器要差一些，如果内置后聚合器能够满足需求，建议尽量使用内置后聚合器。JavaScript 后聚合器的规则定义格式如下：

```
postAggregation : {
    "type": "javascript",
    "name": <output_name>,
    "fieldNames" : [<aggregator_name>, <aggregator_name>, ...],
    "function": <javascript function>
}
```

5.2　查询类型

Druid 的查询采用 HTTP REST 方式，Druid 中 Broker、Historical、Realtime 节点提供了 REST 接口用于客户端访问查询信息，只需将查询条件封装成 JSON 格式，通过 HTTP 方式将 JSON 查询条件发送到 Broker 节点，查询成功会返回 JSON 格式的结果数据。

5.2.1　时间序列查询

timeseries 时间序列查询对指定时间段按照查询规则返回聚合后的结果集。查询规则中可以设置查询粒度，结果排序方式（升序 / 降序）以及过滤条件，其中过滤条件可以使用嵌套过滤，并且支持后聚合。

时间序列查询属性如表 5-2 所示。

表 5-2 时间序列查询属性说明

属 性	描 述	是否必须
queryType	查询类型，设置值为"timeseries"	yes
dataSource	数据源	yes
descending	结果集是否降序排列（默认 false 采用升序排列 ascending）	no
intervals	ISO-8601 格式的时间范围	yes
granularity	查询粒度	yes
filter	过滤器	no
aggregations	聚合器	yes
postAggregations	后聚合器	no
context	设置上下文查询参数	no

样例，统计 2016 年 12 月 1 日北京地区的曝光量、点击量。
SQL 语句：

```
select sum(click_cnt) click,sum(pv_cnt) pv
from ad_event
where dt='20161201' and city='beijing'
```

将 SQL 语句转换成时间序列查询规则：

```
{
    "queryType": "timeseries",
    "dataSource": "ad_event",
    "granularity": "day",
    "aggregations": [{
            "type": "longSum",
            "name": "click",
            "fieldName": "click_cnt"
        },{
            "type": "longSum",
            "name": "pv",
            "fieldName": "pv_cnt"
        }
    ],
    "filter":{"type":"selector","dimension":"city","value":"beijing"},
    "intervals": ["2016-12-01/2016-12-02"]
}
```

通过 HTTP POST 执行查询操作：

```
curl -L -H'Content-Type: application/json' -XPOST \
--data-binary @quickstart/ timeseries _query.json \
http://192.168.1.1:9095/druid/v2/?pretty
```

返回结果集：

```
[ {
    "timestamp" : "2016-12-01T00:00:00.000Z",
    "result" : {
        "click" : 40,
        "pv" : 360
    }
} ]
```

5.2.2　TopN 查询

TopN 查询通过给定的规则和显示维度返回一个结果集。TopN 查询可以看作给定排序规则，返回单一维度的 group by 查询。但是 TopN 查询比 GroupBy 查询速度更快，资源利用率更高。TopN 查询返回的是近似的结果集，当 TopN 查询被分发到各个节点执行时，每个节点会对本节点前 K 个结果进行排序，并将排序完的结果集返回给 Broker 代理节点，可以通过提高阈值来增加准确性。

TopN 查询属性如表 5-3 所示。

表 5-3　TopN 查询属性说明

属　　性	描　　述	是否必须
queryType	查询类型，设置值为"topN"	yes
dataSource	数据源	yes
intervals	ISO-8601 格式的时间范围	yes
granularity	查询粒度	yes
filter	过滤器	no
aggregations	聚合器	yes
postAggregations	后聚合器	no
dimension	单一维度值，TopN 查询根据给定维度和指标进行排序	yes
threshold	数值 N，对前 N 项数据进行排序	yes
metric	指标名称，最终结果根据指标值排序	yes
context	设置上下文查询参数	no

样例，统计 2016 年 12 月 1 日 PC 端曝光量和点击量，取曝光量排名前三的城市。
SQL 语句：

```
select city,sum(pv_cnt) pv_cnt,sum(click_cnt) click_cnt
from ad_event
where dt='20161201' and platform='pc'
group by city
order by pv_cnt desc
limit 3
```

将 SQL 语句转换成 TopN 查询规则：

```
{
    "queryType": "topN",
    "dataSource": "ad_event",
    "dimension": "city",
    "threshold": 3,
    "metric": "pv_cnt",
    "granularity": "day",
    "filter": {
        "type": "selector",
        "dimension": "platform",
        "value": "pc"
    },
    "aggregations": [
        {
            "type": "longSum",
            "name": "pv_cnt",
            "fieldName": " pv_cnt"
        },
        {
            "type": "longSum",
            "name": "click_cnt",
            "fieldName": " click_cnt"
        }
    ],
    "intervals": [ "2016-12-01/2016-12-02" ]
}
```

通过 HTTP POST 执行查询操作：

```
curl -L -H'Content-Type: application/json' -XPOST \
--data-binary @quickstart/topn_query.json \
http://192.168.1.1:9095/druid/v2/?pretty
```

返回结果：

```
[ {
    "timestamp" : "2016-12-01T00:00:00.000Z",
    "result" : [ {
        "pv_cnt" : 450,
        "city" : "guangzhou",
        "click_cnt" : 25
    }, {
        "pv_cnt" : 420,
        "city" : "chongqing",
        "click_cnt" : 22
    }, {
        "pv_cnt" : 420,
        "city" : "shenzhen",
        "click_cnt" : 38
    } ]
} ]
```

5.2.3　分组查询

在实际应用中经常需要进行分组查询，等同于 SQL 语句中的 GROUP BY 查询。如果对单个维度和指标进行分组聚合计算，推荐使用 "topN" 查询，能够获得更高效的查询性能，分组查询更适合多维度、多指标聚合查询。

分组查询属性如表 5-4 所示。

表 5-4　分组查询属性说明

属　性	描　述	是否必须
queryType	查询类型，设置值为 "groupBy"	yes
dataSource	数据源	yes
dimensions	分组维度列表	yes
limitSpec	对结果集排序、限制返回数据条数，参与排序的列既可以是维度也可以是指标	no
having	对聚合结果、维度进行过滤	no
intervals	ISO-8601 格式的时间范围	yes
granularity	查询粒度	yes
filter	过滤器	no
aggregations	聚合器	yes
postAggregations	后聚合器	no
context	设置上下文查询参数	no

1. limitSpec

limitSpec 规则定义的主要作用是对查询结果进行排序、提取数据条数，类似于 SQL 语句中 ORDER BY 和 LIMIT 的作用。

规则定义格式如下：

```
{
    "type" : "default",
    "limit": <integer_value>,
    "columns" : [
        {
        "dimension" : "<Any dimension or metric name>",
        "direction" : <"ascending"|"descending">
        }
        ...
    ]
}
```

属性说明如表 5-5 所示。

表 5-5　limitSpec 相关属性说明

属　性	描　述	是否必须
type	设置值为 "default"	yes

（续）

属　　性	描　　述	是否必须
limit	提取的数据条数	yes
columns	排序列表，可以对多个维度或指标进行排序，指标和维度可以自由组合	yes
dimension	维度或指标名称	yes
direction	排序方式，可选值 "ascending" 升序排列，"descending" 降序排列	yes

　　样例，统计 2016 年 12 月 1 日各城市 PC 端和 TV 端的曝光量、点击量、点击率，取曝光量排名前三的城市数据，曝光量相同则将城市名称按升序排列。

　　SQL 语句：

```
select t. city,t.platform,t.click_cnt,t.pv_cnt,(t.click/t.pv*100) click_rate
from(
    select city,platform,sum(click_cnt) click_cnt,sum(pv_cnt) pv_cnt
    from ad_event
    where dt='20161201' and city='beijing' and (platform='pc' or platform='tv')
    group by city,platform
) t
order by t.pv_cnt desc,city asc limit 3
```

将 SQL 语句转换成 Druid 分组查询规则如下例所示：

```
{
    "queryType": "groupBy",
    "dataSource": "ad_event",
    "granularity": "day",
    "intervals": ["2016-12-01/2016-12-02"],
    "dimensions":["city","platform"],
    "aggregations": [
        {
            "type": "longSum",
            "name": "pv_cnt",
            "fieldName": "pv_cnt"
        },
        {
            "type": "longSum",
            "name": "click_cnt",
            "fieldName": "click_cnt"
        }
    ],
    "postAggregations": [
        {
            "type": "arithmetic",
            "name": "click_rate",
            "fn": "*",
            "fields": [
                {
                    "type": "arithmetic",
```

```
                    "name": "div",
                    "fn": "/",
                    "fields": [
                        {
                            "type": "fieldAccess",
                            "name": "click_cnt",
                            "fieldName": "click_cnt"
                        },
                        {
                            "type": "fieldAccess",
                            "name": "pv_cnt",
                            "fieldName": "pv_cnt"
                        }
                    ]
                },
                {
                    "type": "constant",
                    "name": "const",
                    "value": 100
                }
            ]
        }
    ],
    "limitSpec":{
        "type" : "default",
        "limit" : 3,
        "columns" : [
            {
                "dimension" : "pv_cnt",
                "direction" : "descending"
            },
            {
                "dimension" : "city",
                "direction" : "ascending"
            }
        ]
    }
}
}
```

通过 HTTP POST 执行查询操作：

```
curl -L -H'Content-Type: application/json' -XPOST \
--data-binary @quickstart/groupby_limit_query.json \
http://192.168.1.1:9095/druid/v2/?pretty
```

返回结果：

```
[ {
    "version" : "v1",
    "timestamp" : "2016-12-01T00:00:00.000Z",
    "event" : {
```

```
            "platform" : "pc",
            "pv_cnt" : 450,
            "click_rate" : 5.555555555555555,
            "click_cnt" : 25,
            "city" : "guangzhou"
        }
    }, {
        "version" : "v1",
        "timestamp" : "2016-12-01T00:00:00.000Z",
        "event" : {
            "platform" : "pc",
            "pv_cnt" : 420,
            "click_rate" : 5.238095238095238,
            "click_cnt" : 22,
            "city" : "chongqing"
        }
    }, {
        "version" : "v1",
        "timestamp" : "2016-12-01T00:00:00.000Z",
        "event" : {
            "platform" : "pc",
            "pv_cnt" : 420,
            "click_rate" : 9.047619047619047,
            "click_cnt" : 38,
            "city" : "shenzhen"
        }
    } ]
```

2. having

在 groupby 查询中使用 having 的作用是对分组聚合之后的结果进行过滤。类似 SQL 语句中 HAVING 的语法。

1）指标值比较过滤，可使用的比较过滤方法有"equalTo"（等于）、"greaterThan"（大于）、"lessThan"（小于）三种类型。

指标值比较过滤规则格式定义如下：

```
{
    "type": "greaterThan|equalTo| lessThan",
    "aggregation": "<aggregate_metric>",
    "value": <numeric_value>
}
```

2）维度选择过滤，对指定的维度值进行过滤。

维度选择过滤规则格式定义如下：

```
{
    "type": "dimSelector",
    "dimension": "<dimension>",
    "value": <dimension_value>
}
```

3）逻辑表达式过滤，提供逻辑上的"and"（与）、"or"（或）、"not"（非）过滤，havingSpecs 属性值可以是上述提供的任意过滤方式的组合。

```
{
    "type": "and|or|not",
    "havingSpecs": [<having clause>, <having clause>, ...]
}
```

5.2.4　元数据查询

通过元数据查询能够更加全面地了解数据源的情况。

1. 查询数据源时间边界

提供查询指定数据源的最大、最小时间戳。查询规则如下：

```
{
    "queryType" : "timeBoundary",
    "dataSource": "sample_datasource",
    "bound" : < "maxTime" | "minTime" >
}
```

属性说明如表 5-6 所示。

表 5-6　查询数据源时间边界属性说明

属　　性	描　　述	是否必须
queryType	查询类型，设置值为"timeBoundary"	yes
dataSource	数据源	yes
bound	查询的时间戳类型，最大时间戳设置值为"maxTime"，最小时间戳设置值为"minTime"，如果不设置则默认同时返回最大、最小时间戳	no

样例，查询数据源"ad_event"的最大、最小时间戳，查询规则如下：

```
{
    "queryType" : "timeBoundary",
    "dataSource": "ad_event"
}
```

返回结果：

```
[ {
    "timestamp" : "2016-12-01T01:00:00.000Z",
    "result" : {
        "minTime" : "2016-12-01T01:00:00.000Z",
        "maxTime" : "2016-12-02T02:00:00.000Z"
    }
} ]
```

2. Segment 元数据查询

按照元数据查询规则查询指定数据源的 Segment 元数据信息，此查询的作用是让使用者更加了解 Segment。

规则定义格式如下：

```
{
    "queryType":"segmentMetadata",
    "dataSource":"sample_datasource",
    "intervals":["2013-01-01/2014-01-01"]
}
```

属性说明如表 5-7 所示。

表 5-7　Segment 元数据查询属性说明

属　　性	描　　述	是否必须
queryType	查询类型，设置值为"segmentMetadata"	yes
dataSource	数据源	yes
intervals	ISO-8601 格式的时间范围	no
toInclude	设置返回结果包含哪些列信息，默认包含所有列，值类型为 JSON 对象	no
merge	是否将返回结果合并返回，值类型为布尔类型，默认值 false	no
context	查询上下文参数设置	no
analysisTypes	列分析属性，值类型为数组，默认值 ["cardinality", "size", "interval", "aggregators"]	no
lenientAggregatorMerge	是否使用宽松的聚合器合并方式，值类型为布尔类型，默认值 true	no

样例，数据源 ad_event 按小时粒度聚合，查询数据源 ad_event 在 "2016-12-01T01:00:00Z/2016-12-01T02:00:00Z" 时间段的 Segment 元数据信息。

```
{
    "queryType":"segmentMetadata",
    "dataSource":"ad_event",
    "intervals":["2016-12-01T01:00:00Z/2016-12-01T02:00:00Z"]
}
```

查询结果如下：

```
[ {
    "id" : "ad_event_2016-12-01T01:00:00.000Z_2016-12-01T02:00:00.000Z
            _2016-12-01T02:01:44.514Z"
    "intervals" : [ "2016-12-01T01:00:00.000Z/2016-12-01T02:00:00.000Z" ],
    "columns" : {
        "__time" : {"type" : "LONG", "hasMultipleValues" : false,"size" : 50,
                "cardinality" : null,"errorMessage" : null},
        "city" : {"type" : "STRING","hasMultipleValues" : false,"size" : 41,
                "cardinality" : 5,"errorMessage" : null},
```

```
        "click_cnt" : {"type" : "LONG","hasMultipleValues" : false,"size" : 40,
                    "cardinality" : null,"errorMessage" : null},
        "count" : {"type" : "LONG","hasMultipleValues" : false, "size" : 40,
                "cardinality" : null,"errorMessage" : null},
        "orderitem_id" : {"type" : "STRING","hasMultipleValues" : false, "size" : 10,
                    "cardinality" : 1, "errorMessage" : null},
        "platform" : {"type" : "STRING","hasMultipleValues" : false,"size" : 10,
                    "cardinality" : 1,"errorMessage" : null},
        "pv_cnt" : {"type" : "LONG","hasMultipleValues" : false, "size" : 40,
                    "cardinality" : null, "errorMessage" : null}
    },
    "size" : 266,
    "numRows" : 5,
    "aggregators" : null
} ]
```

返回结果说明：

❑ id：Segment 唯一 ID。

❑ intervals：创建 Segment 时间粒度跨度，如果查询规则中设置的查询时间范围大于 Segment 生成的时间粒度，则在返回的结果集中会包含多条数据，每条数据代表一个时间粒度跨度内的 Segment 信息。

❑ columns：数据源包含的时间戳、维度、指标列信息，只有维度列会有 cardinality 属性值。

❑ size：Segment 大小。

❑ numRows：Segment 包含的数据条数。

❑ aggregators：数据源摄入数据使用的聚合器。

查询规则属性解释如下：

1）toInclude：设置返回结果包含哪些列信息，可选值为 "all"、"none"、"list"。

2）all：返回所有列信息，默认值。

使用方法："toInclude": { "type": "all"}

3）none：不返回任何列信息，返回结果中 "columns" 值为空。

使用方法："toInclude": { "type": "none"}

样例结果如下：

```
[ {
    "id" : "ad_event_2016-12-01T01:00:00.000Z_2016-12-01T02:00:00.000Z
        _2016-12-01T02:01:44.514Z"
    "intervals" : [ "2016-12-01T01:00:00.000Z/2016-12-01T02:00:00.000Z" ],
    "columns" : {},
    "size" : 266,
    "numRows" : 5,
    "aggregators" : null
} ]
```

4）list：返回指定的列信息。

使用方法："toInclude": { "type": "list", "columns": ["col1","col2"…]}

样例：只查询维度列"city"和指标列"pv_cnt"元数据信息。

```
{
    "queryType":"segmentMetadata",
    "dataSource":"ad_event",
    "toInclude":{"type":"list", "columns":["city","pv_cnt"]},
    "intervals":["2016-12-01T01:00:00Z/2016-12-01T02:00:00Z"]
}
```

返回结果：

```
[ {
    "id" : "ad_event_2016-12-01T01:00:00.000Z_2016-12-01T02:00:00.000Z
           _2016-12-01T02:01:44.514Z",
    "intervals" : [ "2016-12-01T01:00:00.000Z/2016-12-01T02:00:00.000Z" ],
    "columns" : {
        "city" : {"type" : "STRING","hasMultipleValues" : false, "size" : 41,
                  "cardinality" : 5, "errorMessage" : null},
        "pv_cnt" : {"type" : "LONG","hasMultipleValues" : false, "size" : 40,
                    "cardinality" : null, "errorMessage" : null}
    },
    "size" : 266,
    "numRows" : 5,
    "aggregators" : null
} ]
```

5）merge：是否将返回结果合并返回，值类型为布尔类型，默认值 false。

样例：合并返回数据源 ad_event 在 2016 年 12 月 1 日的 Segment 元数据信息。

```
{
    "queryType":"segmentMetadata",
    "dataSource":"ad_event",
    "toInclude":{"type":"list", "columns":["city","pv_cnt"]},
    "intervals":["2016-12-01/2016-12-02"],
    "merge":true
}
```

返回结果：

```
[ {
    "id" : "merged",#注意采用合并的方式返回结果 id 的值为 merged
    "intervals" : [ "2016-12-01T01:00:00.000Z/2016-12-01T03:00:00.000Z" ],
    "columns" : {
        "city" : { "type" : "STRING","hasMultipleValues" : false, "size" : 82,
                   "cardinality" : 5, "errorMessage" : null},
        "pv_cnt" : {"type" : "LONG", "hasMultipleValues" : false, "size" : 80,
                    "cardinality" : null, "errorMessage" : null}
    },
```

```
    "size" : 532,
    "numRows" : 10,
    "aggregators" : null
} ]
```

6）analysisTypes：列分析属性，可选值为"cardinality"、"size"、"interval"、"aggregators"，默认值 ["cardinality","size","interval","aggregators"]。如果某个属性不需要，则从该列表中移除出去，这样能够提高查询性能。

7）lenientAggregatorMerge：是否使用宽松的聚合器合并方式，默认值 true。如果 Segment 同一个指标列使用了不同的聚合器或者使用了未知的自定义聚合器，通过严格合并方式将会返回 null。

3. 数据源最近一次摄入数据时间戳
规则格式定义如下：

```
{
    "queryType" : "dataSourceMetadata",
    "dataSource": "sample_datasource"
}
```

属性说明如表 5-8 所示。

表 5-8　数据源最近一次摄入数据时间戳相关属性说明

属　　性	描　　述	是否必须
queryType	查询类型，设置值为"dataSourceMetadata"	yes
dataSource	数据源	yes
context	查询上下文参数设置	no

样例：查询数据源 ad_event 最近一次摄入数据的时间戳。

```
{
    "queryType" : "dataSourceMetadata",
    "dataSource": "ad_event"
}
```

返回结果：

```
[ {
    "timestamp" : "2016-12-02T02:00:00.000Z",
    "result" : {
        "maxIngestedEventTime" : "2016-12-02T02:00:00.000Z"
    }
} ]
```

5.2.5　搜索查询

搜索查询是对维度值过滤查询，类似于 SQL 语句中的 LIKE 语法。其属性说明如表 5-9

所示。

表 5-9 搜索查询相关属性说明

属　　性	描　　述	是否必须
queryType	查询类型，设置值为"search"	yes
dataSource	数据源	yes
intervals	ISO-8601 格式的时间范围	yes
granularity	查询粒度	yes
filter	过滤器	no
limit	每个历史节点返回结果的最大条数，默认 1000	no
searchDimensions	查询的维度名称列表，如果不设置默认对所有维度进行匹配	no
query	维度值匹配规则，详见下面关于搜索规则的说明	yes
sort	返回结果排序方式，目前提供两种排序方式：字典顺序（"lexicographic"）和返回结果集值的长度（"strlen"）	no
context	查询上下文参数设置	no

搜索规则用于搜索维度值范围内与搜索值是否相匹配，类似于 SQL 语句 where 限制条件中的 like 语法。使用搜索过滤器需要设置三个配置项：type 过滤器类型值为"search"，dimension 值为维度名称，query 值为 JSON 对象，定义搜索过滤规则。目前 Druid 提供的搜索规则类型有 Insensitive Contains、Fragment、Contains、Regex。

（1）Insensitive Contains

维度值的任何部分包含指定的搜索值都会匹配成功，并且不区分大小写。使用 Insensitive Contain 搜索过滤器需要配置两个配置项：type 过滤类型值为"insensitive_contains"，value 值为搜索值，只能配置单个值。

规则定义格式如下：

```
{
    "type": "insensitive_contains",
    "value" : "some_value"
}
```

样例：SQL 语句中 where city like '%jing%' 转化为等价的查询规则定义如下：

```
{
        "queryType": "search",
        "dataSource": "ad_event",
        "searchDimensions": ["city"],
        "granularity": "day",
        "query": {
                "type" : "insensitive_contains",
```

```
                "value" : "jing"
        },
        "sort" : {
                "type": "lexicographic"
        },
        "intervals": [
                "2016-12-01/2016-12-02"
        ]
}
```

返回结果：

```
[ {
    "timestamp" : "2016-12-01T00:00:00.000Z",
    "result" : [ {
        "dimension" : "city",
        "value" : "beijing"
    } ]
} ]
```

（2）Fragment

Fragment 将提供一组搜索值，维度值的任何部分包含全部搜索值则匹配成功，匹配过程可以选择是否忽略大小写。使用 Fragment 搜索过滤需要配置三个配置项：type 搜索过滤类型值为" fragment"。values 设置一组搜索值，使用 JSON 数组表示。case_sensitive 表示是否忽略大小写，布尔类型值，默认值为 false，不忽略大小写，该配置项为可选配置项。

规则定义格式如下：

```
{
    "type" : "fragment",
    "case_sensitive" : false,
    "values" : ["fragment1", "fragment2"]
}
```

样例：SQL 语句中 where city like ' %bei%' and city like ' %jing%' 转化为等价的查询规则定义如下：

```
{
        "queryType": "search",
        "dataSource": "ad_event",
        "searchDimensions": ["city"],
        "granularity": "day",
        "query": {
                "type" : "fragment",
                "values" : ["bei", "jing"],
        "case_sensitive" : true
        },
        "sort" : {
```

```
                    "type": "lexicographic"
            },
            "intervals": [
                    "2016-12-01/2016-12-02"
            ]
    }
```

返回结果：

```
[ {
    "timestamp" : "2016-12-01T00:00:00.000Z",
    "result" : [ {
        "dimension" : "city",
        "value" : "beijing"
    } ]
} ]
```

（3）Contains

维度值的任何部分包含指定的搜索值都会匹配成功，与"Insensitive Contains"实现的功能类似，唯一不同是"Contains"过滤类型可以配置是否区分大小写。使用 Contains 搜索过滤需要配置三个配置项：type 搜索类型为 contains，value 值为搜索值，只能配置单个值。case_sensitive 表示是否忽略大小写，布尔类型值，默认值为 false，不忽略大小写，该配置项为可选配置项。

规则定义格式如下：

```
{
    "type": "contains",
    "case_sensitive" : true,
    "value" : "some_value"
}
```

样例：SQL 语句中 where city like '% bei%' 转化为等价的查询规则定义如下：

```
{
        "queryType": "search",
        "dataSource": "ad_event",
        "searchDimensions": ["city"],
        "granularity": "day",
        "query": {
                "type" : "contains",
                "value" : "bei",
                "case_sensitive":true
        },
        "sort" : {
                "type": "lexicographic"
        },
        "intervals": [
```

```
            "2016-12-01/2016-12-02"
        ]
    }
```

返回结果：

```
[ {
    "timestamp" : "2016-12-01T00:00:00.000Z",
    "result" : [ {
        "dimension" : "city",
        "value" : "beijing"
    } ]
} ]
```

（4）Regex

维度值的任何部分能够与正则表达式匹配则匹配成功，对于复杂的过滤查询非常重要，可在不修改任何源代码的基础上实现自定义搜索过滤。

定义规则如下：

```
{
    "type": "regex",
    "pattern" : "some_pattern"
}
```

5.3　查询 API

5.3.1　RESTful 介绍

随着互联网技术的不断发展，客户端与服务器的交互技术也在不断变化，REST 的设计与实现方式越来越流行，并且已经应用到很多大型系统上。维基百科给出的定义是：具象状态传输（Representational State Transfer，REST）是 Roy Thomas Fielding 博士于 2000 年在他的博士论文《Architectural Styles and the Design of Network-based Software Architectures》中提出来的一种万维网软件架构风格。REST 流行应用于 Web 应用程序，REST 提供了 Web 应用程序中客户端与服务器端交互传输的一种约束标准，这种约束标准简单高效，只要按照 REST 的标准设计开发服务器端和客户端应用，就能够快速的构建一套完整的交互传输系统。

REST 有几个特点：实现语言丰富，不仅限于一种语言，可以使用 Java、Python、PHP 等多种语言实现，大大提高了 REST 设计开发的灵活度，便于掌握不同开发语言的开发人员设计开发；统一的接口，这便于组件之间的通信交互，将不同的资源整合到一起管理；标准的数据格式，标准的数据格式能够提高处理请求的效率，降低数据处理复杂度；唯一的 URI，每个请求资源都有一个唯一的 URI，资源划分清晰。会话状态由客户端维护，HTTP 的请求是没有状态的，常用的 HTTP 请求方法有 GET、PUT、POST、DELETE 等。

5.3.2 Jersey 客户端

Jersey 是基于 Java 语言开源的轻量级 REST 框架，提供了丰富的开发接口，基于 Jersey 可以快速完成 RESTful 服务端、客户端的接口开发。Druid 提供了丰富的 REST 服务请求接口，可以通过 curl 方式发送 GET、POST 等请求，也可以通过流行的 REST 框架自定义 REST 客户端，实现与 Druid 的请求交互，比如发送索引请求、查询请求等。下面通过使用 Jersey 框架实现的 RESTful 客户端来具体说明。

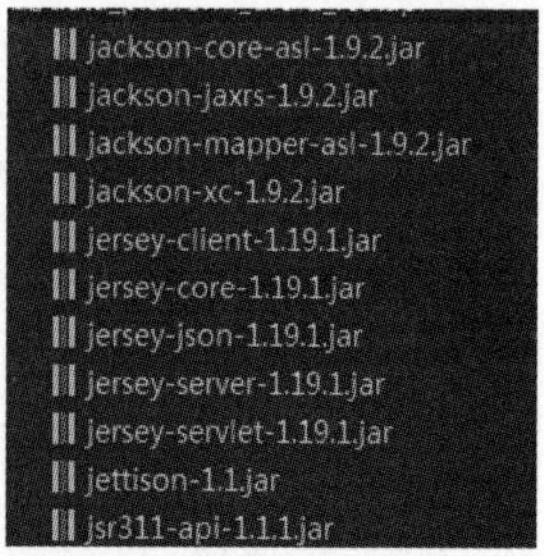

在项目中需要引入 Jersey 的 jar 包，如图 5-1 所示。

一个完整的 GroupBy 查询示例如下：

图 5-1　在项目中需要引入
Jersey 的 jar 包

```java
public class QueryDataPlatform {
    public static void main(String[] args) {
        String starttime = "2016-09-27";      // 开始日期
        String endtime = "2016-09-28";        // 结束日期
        String dimensions = "city,platform";  // 显示维度，多个维度之间用逗号隔开
        String metrics = "pv_cnt";            // 统计项，多个统计项之间用逗号隔开
        // 创建 json 对象，用于存放过滤条件，相当于 sql 语句中的 where 条件
        JSONObject whereParam = new JSONObject();
        try {
            whereParam.put("city", "beiing");
            whereParam.put("platform", "pc");
            // 发送 groupby 查询请求
            queryGroupBy(starttime,endtime,dimensions,metrics,whereParam);
        } catch (JSONException e) {
            e.printStackTrace();
        }
    }
    /**
     * GroupBy 查询
     * @param starttime
     * @param endtime
     * @param dimensions: 查询维度，多个值用逗号隔开
     * @param metrics: 统计指标，多个值用逗号隔开
     * @param whereParam: 过滤条件
     * @return JSONObject
     * @throws JSONException
     */
    public static void queryGroupBy(String starttime,String endtime,String dimensions,
    String metrics,JSONObject whereParam) throws JSONException{
        String queryType = "groupBy";// 查询类型
        // 数据源
        String dataSource = "ad_event";
        String intervals = starttime + "/" + endtime;
        // 构建 JSON 类型的查询规则
        JSONObject jsonParam = buildJson
```

```
                    (queryType,dataSource,intervals,dimensions,metrics,whereParam);
      //broker 请求地址
      String url = "http://192.168.1.1:9095/druid/v2/?pretty";
      //创建客户端配置项
      ClientConfig cc = new DefaultClientConfig();
      //创建 Client
      Client client = Client.create(cc);
      //发送远程 POST 请求
      JSONArray result = postRemoute(client,url,jsonParam);
      System.out.println("------------ 返回结果展示 ---------------");
      if(result != null && result.length() > 0){
          for(int i=0;i<result.length();i++){
              JSONObject job = result.getJSONObject(i);
              System.out.println(job.toString());
          }
      }else{
          System.out.println("---------------- 无返回结果 -------------------");
      }
  }
  /**
   * 将查询参数组装成 JSON 查询规则
   * @param queryType: 查询类型
   * @param datasource: 数据源
   * @param intervals: 查询时间范围
   * @param dimensions: 查询维度，多个值用逗号隔开
   * @param metrics: 统计指标，多个值用逗号隔开
   * @param whereParam: where 过滤条件
   * @return JSONObject
   */
  private static JSONObject buildJson(String queryType,String datasource
                              ,String intervals,String dimensions
                              ,String metrics,JSONObject whereParam)
                                      throws JSONException{
      JSONObject jsonobject = new JSONObject();
      jsonobject.put("queryType", queryType);
      jsonobject.put("dataSource", datasource);
      JSONObject granularityObj = new JSONObject();
      granularityObj.put("type", "period");
      granularityObj.put("period", "P1D");                 //时间段为 1 天
      granularityObj.put("timeZone", "Asia/Shanghai");     //设置时区
      jsonobject.put("granularity", granularityObj);
      JSONArray itl = new JSONArray();
      itl.put(intervals);
      jsonobject.put("intervals", itl);
      JSONArray dimensionArray = new JSONArray();
      //解析维度参数
      if(dimensions.contains(",")){
          String[] dsarray = dimensions.split(",");
          if(dsarray.length > 0){
              for(int i=0;i<dsarray.length;i++){
```

```
                        dimensionArray.put(dsarray[i]);
            }
        }
    }else{
        dimensionArray.put(dimensions);
    }
    jsonobject.put("dimensions", dimensionArray);
    JSONArray aggregationArray = new JSONArray();
    // 解析统计项指标
    if(metrics.contains(",")){
        String[] agarray = metrics.split(",");
        if(agarray.length > 0){
            for(int i=0;i<agarray.length;i++){
                JSONObject ob = new JSONObject();
                ob.put("type", "longSum");
                ob.put("name", agarray[i]);
                ob.put("fieldName", agarray[i]);
                aggregationArray.put(ob);
            }
        }
    }else{
        JSONObject ob = new JSONObject();
        ob.put("type", "longSum");
        ob.put("name", metrics);
        ob.put("fieldName", metrics);
        aggregationArray.put(ob);
    }
    jsonobject.put("aggregations", aggregationArray);
    // 拼装过滤条件
    int whereLen = whereParam.length();
    if(whereLen > 0){
        Iterator it = whereParam.keys();
        if(whereLen >1){
            // 查询条件两个以上使用"and"过滤
            JSONObject filterObj = new JSONObject();
            JSONArray filters = new JSONArray();
            while(it.hasNext()){
                JSONObject filter = new JSONObject();
                String key = (String) it.next();
                String value = whereParam.getString(key);
                filter.put("type", "selector");
                filter.put("dimension", key);
                filter.put("value", value);
                filters.put(filter);
            }
            filterObj.put("type", "and");
            filterObj.put("fields", filters);
            jsonobject.put("filter", filterObj);
        }else{
            while(it.hasNext()){
```

```
                    JSONObject filter = new JSONObject();
                    String key = (String) it.next();
                    String value = whereParam.getString(key);
                    filter.put("type", "selector");
                    filter.put("dimension", key);
                    filter.put("value", value);
                    jsonobject.put("filter", filter);
                }
            }
        }
        return jsonobject;
    }
    /**
     * post 远程请求
     * @param client: Restful Client 实例
     * @param url: 请求地址
     * @param jsonParam: JSONObject 类型查询参数
     * @return
     * @throws JSONException
     */
    private static JSONArray postRemoute(Client client,String url,JSONObject jsonParam)
                                                           throws JSONException{
        WebResource resource = client.resource(url);
        ClientResponse response = resource
                .accept(MediaType.APPLICATION_JSON)
                .type(MediaType.APPLICATION_JSON)
                .post(ClientResponse.class, jsonParam.toString());
        JSONArray resp = response.getEntity(JSONArray.class);
        // 对返回结果进行规范化处理
        JSONArray result = execJsonArrayResult(resp);
        return result;
    }
```

这段查询示例代码，首先初始化 Jersey 配置信息，然后将查询参数、过滤条件等信息组装成一个 JSON 对象，通过 HTTP POST 的方式将 JSON 对象参数发送给 Druid 服务端，最后接收到返回结果解析成需要的 JSONArray 结果集。

5.4　小结

本章通过实例讲解了关于 Druid 的各种查询类型和查询依赖组件，通过实例开发介绍如何使用 Druid 提供的 RESTful 接口实现客户端开发。本章几乎覆盖了所有 Druid 查询相关的原理介绍和使用方法。希望读者能够通过本章的学习熟练掌握 Druid 的各种查询使用。

Chapter 6 第6章

日志收集

随着视频、电商、社交、智能手机、智能交通等广泛流行和飞速发展，以及服务器、应用的数量不断增多，每天都会产生数以亿计的日志数据，需要通过日志数据剖析出用户的行为、应用的运行状态、各种流量分析等。随着 Storm、Spark 等实时计算框架的不断优化并逐步趋于成熟，并且应用到各行各业的生产环境中，对实时数据的需求也越来越迫切，所以需要一套高容错、高可用、可恢复的高性能日志收集系统来保证实时日志数据的收集。目前比较有代表性的日志收集项目有 FaceBook 开源的 Scribe 和 cloudera 开源的 Flume，Scribe 是基于 thrift 的日志收集框架，具有可容错、可扩展的特性，整体架构设计简单。Flume 通过不断的改造已经从老版本的 Flume-OG 升级到了 Flume-NG，架构更加简单，具有高可用、高容错、可扩展的特性，提供了丰富的 Source 和 Sink 类型，并且支持自定义 Source、Sink。

6.1 Flume 介绍

Flume 是 cloudera 公司开发的分布式、高可用的日志收集系统，是 Hadoop 生态圈内的关键组件之一，目前已开源给 apache。Flume 原始版本为 Flume-OG，经过对整体架构的重新设计，已改名为 Flume-NG。Flume 发展到现在已经不仅限于日志收集，还可以通过简单的配置收集不同数据源的海量数据并将数据准确高效地传输到不同的中心存储。目前 Flume 可对接的主流大数据框架有 Hadoop、Kafka、ElasticSearch、Hive、HBase 等。在使用 Flume 的过程中，通过配置文件可以实现整个数据收集过程的负载均衡和故障转移，整个流程不需要修改 Flume 的任何代码。Flume 具有上述的诸多特性得益于优秀的框架设计，Flume 通过可扩展、插件化、组合式、高可用、高容错的设计模式，为用户提供了简单、高效、准确的轻量化大数据采集工具。

6.1.1 基本架构

Flume-NG 采用三层架构设计：收集（Source）、暂存（Channel）、处理（Sink），如图 6-1 所示。

一个 event 在一个 agent 中的传输流程如图 6-1 所示，传输顺序为：

Source → Interceptor → Selector → Channel → Sink Processor → Sink →中心存储 / 下一级 agent

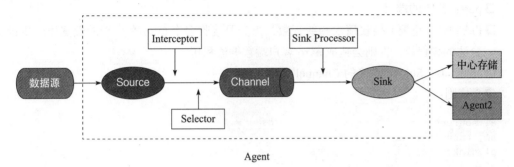

图 6-1　event 在 agent 中的传输流程

核心概念：

❑ Event：一条消息或者说是一条数据，具有可选头信息，在头信息中可以设置时间戳、主机名称等信息。

❑ Source：数据源，接收或者收集不同形式的数据源。

❑ Channel：event 的临时缓冲区，source 先将 event 发送到 chanel 缓存等待 sink 消费。

❑ Sink：从 channel 获取 event 并发送到中心存储或者下一级 agent。

❑ Agent：包含 source、channel、sink 等组件的 flume 进程。

❑ Interceptor：event 拦截器，根据配置文件在 event 的 header 中添加时间戳、主机名称等信息。

❑ Selector：event 选择器，event 选择流入 channel 的方式，flume 提供了复制（replicating）和复用（multiplexing）选择器。

❑ Sink Processor：event sink 处理器，flume 提供了故障转移处理器和负载均衡处理器。

各组件详细介绍：

Flume 中三大组件设计的类型比较多，下面只介绍常用的重要组件类型，没有介绍到的组件类型请查阅官方文档了解详细信息：http://flume.apache.org/。

1. Source

Source 用于对接各种数据源，将收集到的事件发送到临时存储 Channel 中。

常用的 source 类型有：Avro Source、Exec Source、Kafka Source、Taildir Source、Spooling Directory Source 等，其他类型 source 请查阅 Flume-NG 官方介绍。

（1）Avro Source

支持 Avro 协议，接收 RPC 事件请求。Avro Source 通过监听 Avro 端口接收外部 Avro 客户端流事件（event），在 Flume 的多层架构中经常被使用接收上游 Sink 发送的 event。

关键参数说明：

❑ type：类型名称 avro。

❑ bind：绑定的 IP。

❑ port：监听的端口。

❑ threads：（重要）接收请求的线程数，当需要接收多个 avro 客户端的数据流时要设置合适的线程数，否则会造成 avro 客户端数据流积压。

❑ channels：Source 对接的 Channel 名称。

定义规则：

```
a1.sources = r1
a1.channels = c1
a1.sinks = k1
a1.sources.r1.type = avro
a1.sources.r1.bind = 127.0.0.1
a1.sources.r1.port = 9876
a1.sources.r1.threads= 3
a1.sources.r1.channels = c1
a1.sinks.k1.type = file_roll
a1.sinks.k1.channel = c1
a1.sinks.k1.sink.directory = /usr/local/flume/output
```

说明：Agent 名称为 a1，Source 名称为 r1，Sink 名称为 k1，channel 名称为 c1，avro 启动接收客户端数据流的最大线程数为 3，r1 对接的 channel 为 c1，k1 类型为 file_roll（输出到可滚动的文件中），k1 对接的 channel 为 c1，k1 文件输出路径为 /usr/local/flume/output。

（2）Kafka Source

对接分布式消息队列 kafka，作为 kafka 的消费者持续从 kafka 中拉取数据，如果多个 kafka source 同时消费 kafka 中同一个主题（topic），则 kafka source 的 kafka.consumer.group.id 应该设置成相同的组 id，多个 kafka source 之间不会消费重复的数据，每一个 source 都会拉取 topic 下的不同数据。

关键参数说明：

❑ type：类型设置为 kafksouce 的类路径，即 org.apache.flume.source.kafka.KafkaSource。

❑ channels：Source 对接的 Channel 名称。

❑ kafka.bootstrap.servers：Kafka broker 列表，格式为 ip1:port1，ip2:port2……，建议配置多个值提高容错能力，多个值之间用逗号隔开。

❑ kafka.topics：消费的 topic 名称。

❑ kafka.topics.regex：通过正则表达式匹配一组 topic，设置此选项会覆盖 kafka.topics 选项的设置。

❑ kafka.consumer.group.id：kafka source 所属组 id，默认值 flume。

❑ batchSize：批量写入 channel 的最大消息数，默认值 1000。

❑ batchDurationMillis：等待批量写入 channel 的最长时间，这个参数和 batchSize 两个参数只要有一个满足都会触发批量写入 channel 操作，默认值 1000（单位：毫秒）。

定义规则：

```
a1.sources = r1
a1.channels = c1
a1.sinks = k1
a1.sources.r1.type = org.apache.flume.source.kafka.KafkaSource
a1.sources.r1.channels = c1 a1.sources.r1.batchSize = 5000
a1.sources.r1.batchDurationMillis = 2000
a1.sources.r1.kafka.bootstrap.servers = 192.168.1.1:9092,192.168.1.2:9092
a1.sources.r1.kafka.topics = topictest1
a1.sources.r1.kafka.consumer.group.id = kafkasource.consumer.test
a1.sinks.k1.type = file_roll
a1.sinks.k1.channel = c1
a1.sinks.k1.sink.directory = /usr/local/flume/output
```

说明：Agent 名称为 a1，Source 名称为 r1，Sink 名称为 k1，channel 名称为 c1，source 类型为 kafkasource，r1 对接的 channel 名称为 c1，r1 批量写入 c1 的最大消息数为 5000，r1 等待批量写入 c1 的最长时间为 2 秒，r1 拉取数据的 kafka broker 列表为 192.168.1.1:9092,192.168.1.2:9092，r1 消费的主题名称为 topictest1，r1 所属的 consumer group id 为 kafkasource. consumer.test，k1 类型为 file_roll（输出到可滚动的文件中），k1 对接的 channel 为 c1，k1 文件输出路径为 /usr/local/flume/output。

（3）Exec Source

支持 Linux 命令，收集标准输出数据或者通过 tail -f file 的方式监听指定文件。Exec Source 可以实现实时的消息传输，但是它不记录已经读取文件的位置，不支持断点续传，如果 Exec Source 重启或者挂掉都会造成后续增加的消息丢失，建议只是在测试环境使用。

关键参数说明：

❑ type：source 类型为 exec。

❑ command：Linux 命令。

❑ channels：Source 对接的 Channel 名称。

定义规则：

```
a1.sources = r1
a1.channels = c1
a1.sinks = k1
```

```
a1.sources.r1.type = exec
a1.sources.r1.command = tail -F /var/log/test.log
a1.sources.r1.channels = c1
a1.sinks.k1.type = file_roll
a1.sinks.k1.channel = c1
a1.sinks.k1.sink.directory = /usr/local/flume/output
```

说明：Agent 名称为 a1，Source 名称为 r1，Sink 名称为 k1，channel 名称为 c1，source 类型为 exec，r1 对接的 channel 名称为 c1，r1 通过 tail -F 命令监听 /var/log/test.log 文件，k1 类型为 file_roll（输出到可滚动的文件中），k1 对接的 channel 为 c1，k1 文件输出路径为 /usr/local/flume/output。

（4）Spooling Directory Source

监听一个文件夹，收集文件夹下新文件数据，收集完新文件数据会将文件名称的后缀改为 .COMPLETED，缺点是不支持老文件新增数据的收集，并且不能够对嵌套文件夹递归监听。

关键参数说明：

❏ type：source 类型为 spooldir。

❏ spoolDir：source 监听的文件夹。

❏ fileHeader：是否添加文件的绝对路径到 event 的 header 中，默认值 false。

❏ fileHeaderKey：添加到 event header 中文件绝对路径的键值，默认值 file。

❏ selector.type：选择器类型，默认 replicating（可选值为 replicating 或 multiplexing）。

❏ fileSuffix：收集完新文件数据给文件添加的后缀名称，默认值：.COMPLETED。

❏ channels：Source 对接的 Channel 名称。

定义规则：

```
a1.sources = r1
a1.channels = c1
a1.sinks = k1
a1.sources.r1.type = spooldir
a1.sources.r1.channels = c1
a1.sources.r1.spoolDir = /usr/local/flume/log
a1.sources.r1.fileHeader = true
a1.sinks.k1.type = file_roll
a1.sinks.k1.channel = c1
a1.sinks.k1.sink.directory = /usr/local/flume/output
```

说明：Agent 名称为 a1，Source 名称为 r1，Sink 名称为 k1，channel 名称为 c1，source 类型为 spooldir，r1 对接的 channel 名称为 c1，r1 监听的文件夹路径为 /usr/local/flume/log，r1 对接的 channel 名称为 c1，在 event 头信息中添加文件绝对路径信息，k1 类型为 file_roll（输出到可滚动的文件中），k1 对接的 channel 为 c1，k1 文件输出路径为 /usr/local/flume/output。

（5）Taildir Source

监听一个文件或文件夹，通过正则表达式匹配需要监听的数据源文件，支持文件夹嵌套递归监听（重要 source），Taildir Source 将通过监听的文件位置写入到文件中实现断点续传，并且能够保证没有重复数据的读取。

关键参数说明：

❑ type：source 类型 TAILDIR。

❑ positionFile：保存监听文件读取位置的文件路径。

❑ skipToEnd：在位置文件中没有保存监听文件的位置是否直接跳到文件的末尾，默认值 false。

❑ idleTimeout：关闭空闲文件延迟时间，如果有新的记录添加到已关闭的空闲文件 taildir srouce 将继续打开该空闲文件，默认值 120000（单位：毫秒）。

❑ writePosInterval：向保存读取位置文件中写入读取文件位置的时间间隔，默认值 3000（单位：毫秒）。

❑ batchSize：批量写入 channel 最大 event 数，默认值 100。

❑ maxBackoffSleep：每次最后一次尝试没有获取到监听文件最新数据的最大延迟时间，默认值 5000（单位：毫秒）。

❑ backoffSleepIncrement：每次最后一次尝试没有获取到监听文件最新数据后增加延迟时间的幅度，默认值 1000。

❑ cachePatternMatching：监听的文件夹下通过正则表达式匹配的文件数量可能会很多，将匹配成功的监听文件列表和读取文件列表的顺序都添加到缓存中可以提高性能，默认值 true。

❑ fileHeader：是否添加文件的绝对路径到 event 的 header 中，默认值 false。

❑ fileHeaderKey：添加到 event header 中文件绝对路径的键值，默认值 file。

❑ filegroups：监听的文件组列表，taildirsource 通过文件组监听多个目录或文件。

❑ filegroups.<filegroupName>：文件正则表达式路径或者监听指定文件路径。

❑ channels：Source 对接的 Channel 名称。

定义规则：

```
a1.sources = r1 a1.channels = c1
a1.sinks = k1 a1.sources.r1.type = TAILDIR
a1.sources.r1.channels = c1
a1.sources.r1.positionFile = /usr/local/flume/position/taildir_position.json
a1.sources.r1.filegroups = f1 f2
a1.sources.r1.filegroups.f1 = /usr/local/flume/log/test1/example.log
a1.sources.r1.filegroups.f2 = /usr/local/flume/log/test2/.*log.*
a1.sources.r1.fileHeader = true
a1.sinks.k1.type = file_roll
a1.sinks.k1.channel = c1
a1.sinks.k1.sink.directory = /usr/local/flume/output
```

说明：Agent 名称为 a1，Source 名称为 r1，Sink 名称为 k1，Channel 名称为 c1，source 类型为 TAILDIR，r1 对接的 channel 名称为 c1，保存监听文件读取位置信息的文件路径为 /usr/local/flume/position/taildir_position.json，监听文件列表包含两个监听文件组 f1、f2，f1

监听指定 log 文件 /usr/local/flume/log/test1/example.log，f2 通过正则表达式匹配 /usr/local/flume/log/test2/ 路径下包含 log 关键字的所有文件，并且将文件的绝对路径添加到 event 的头信息中，k1 类型为 file_roll（输出到可滚动的文件中），k1 对接的 channel 为 c1，k1 文件输出路径为 /usr/local/flume/output。

2. Channel

Channel 被设计为 Event 中转临时缓冲区，存储 Source 收集并且没有被 Sink 读取的 Event，为平衡 Source 收集和 Sink 读取数据的速度，可视为 Flume 内部的消息队列。Channel 线程安全并且具有事务性，支持 source 写失败重复写和 sink 读失败重复读等操作。常用的 Channel 类型有 Memory Channel、File Channel、Kafka Channel 等。

（1）Memory Channel

对比 Channel，Memory Channel 读写速度快，但是存储数据量小，Flume 进程挂掉、服务器停机或者重启都会导致数据丢失。部署 Flume Agent 的线上服务器内存资源充足、不关心数据丢失的场景下可以使用。

关键参数说明：

❑ type：channel 类型 memory。

❑ capacity：channel 中存储的最大 event 数，默认值 100。

❑ transactionCapacity：一次事务中写入和读取的 event 最大数，默认值 100。

❑ keep-alive：在 Channel 中写入或读取 event 等待完成的超时时间，默认值 3（单位秒）。

❑ byteCapacityBufferPercentage：缓冲空间占 Channel 容量（byteCapacity）的百分比，为 event 中的头信息保留了空间，默认值 20（单位：百分比）。

❑ byteCapacity：Channel 占用内存的最大容量，默认值为 Flume 堆内存的 80%，如果该参数设置为 0 则强制设置 Channel 占用内存为 200G。

定义规则：

```
a1.sources = r1
a1.channels = c1
a1.sinks = k1
a1.channels.c1.type = memory
a1.channels.c1.capacity = 10000
a1.channels.c1.transactionCapacity = 10000
a1.sinks.k1.type = file_roll
a1.sinks.k1.channel = c1
a1.sinks.k1.sink.directory = /usr/local/flume/output
```

说明：Agent 名称为 a1，Source 名称为 r1，Sink 名称为 k1，Channel 名称为 c1，channel 类型为 memory，channel 中存储的最大 event 数为 10000，一次事务中可读取或添加的 event 数为 10000，k1 类型为 file_roll（输出到可滚动的文件中），k1 对接的 channel 为 c1，k1 文件输出路径为 /usr/local/flume/output。

（2）File Channel

将 event 写入磁盘文件，与 Memory Channel 相比存储容量大，无数据丢失风险。File Channle 数据存储路径可以配置多磁盘文件路径，通过磁盘并行写入提高 File Channel 性能。Flume 将 Event 顺序写入到 File Channel 文件的末尾，在配置文件中通过设置 maxFileSize 参数配置数据文件大小，当被写入的文件大小达到上限时 Flume 会重新创建新的文件存储写入的 Event。当然数据文件数量也不会无限增长，当一个已关闭的只读数据文件中的 Event 被读取完成，并且 Sink 已经提交读取完成的事务，则 Flume 将删除存储该数据的文件。Flume 通过设置检查点和备份检查点实现在 Agent 重启之后快速将 File Channle 中的数据按顺序回放到内存中，保证在 Agent 失败重启后仍然能够快速安全地提供服务。

关键参数说明：

❑ type：channel 类型为 file。

❑ checkpointDir：检查点目录，默认在启动 flume 用户目录下创建，建议单独配置磁盘路径。

❑ useDualCheckpoints：是否开启备份检查点，默认 false，建议设置为 true 开启备份检查点，备份检查点的作用是当 Agent 意外出错导致写入检查点文件异常，在重新启动 File Channel 时通过备份检查点将数据回放到内存中，如果不开启备份检查点，在数据回放的过程中发现检查点文件异常会对所有数据进行全回放，全回放的过程相当耗时。

❑ backupCheckpointDir：备份检查点目录，最好不要和检查点目录（checkpointDir）在同一块磁盘上。

❑ checkpointInterval：每次写检查点的时间间隔，默认值 30000（单位：毫秒）。

❑ dataDirs：存储 event 信息磁盘存储路径，建议配置多块盘的多个路径，通过磁盘的并行写入来提高 file channel 性能，多个磁盘路径用逗号隔开。

❑ transactionCapacity：一次事务中写入和读取的 event 最大数，默认值 10000。

❑ maxFileSize：每个数据文件的最大大小，默认值：2146435071（单位：字节）。

❑ minimumRequiredSpace：磁盘路径最小剩余空间，如果磁盘剩余空间小于设置值，则不再写入数据。

❑ capacity：file channel 可容纳的最大 event 数。

❑ keep-alive：在 Channel 中写入或读取 event 等待完成的超时时间，默认值 3（单位：秒）。

定义规则：

```
a1.sources = r1
a1.channels = c1
a1.sinks = k1
a1.channels.c1.type = file
a1.channels.c1.checkpointDir = /usr/local/flume/checkpoint
a1.channels.c1.dataDirs = /data1,/data2
a1.channels.c1.useDualCheckpoints = true
a1.channels.c1.backupCheckpointDir = /data/flume/backup/checkpoint
a1.sinks.k1.type = file_roll
```

```
a1.sinks.k1.channel = c1
a1.sinks.k1.sink.directory = /usr/local/flume/output
```

说明：Agent 名称为 a1，Source 名称为 r1，Sink 名称为 k1，Channel 名称为 c1，channel 类型为 file，检查点路径为 /usr/local/flume/checkpoint，数据存放路径为 /data1，/data2，开启备份检查点，备份检查点路径为 /data/flume/backup/checkpoint，k1 类型为 file_roll，k1 对接的 channel 为 c1，k1 文件输出路径为 /usr/local/flume/output。

（3）Kafka Channel

将 Kafka 作为 Channel 存储，Kafka 是分布式、可扩展、高容错、高吞吐的分布式系统，Kafka 通过优秀的架构设计充分利用磁盘顺序特性，在廉价的硬件条件下完成高效的消息发布和订阅。

Memory Channel 在使用的过程中受内存容量的限制不能缓存大量的消息，并且如果 Memory Channel 中的消息没来得及写入 Sink，此时 Agent 出现故障就会造成数据丢失。File Channel 虽然能够缓存更多的消息，但如果缓存下来的消息还没有写入 Sink，此时 Agent 出现故障则 File Channel 中的消息不能被继续使用，直到该 Agent 重新恢复才能够继续使用 File Channel 中的消息。Kafka Channel 相对于 Memory Channel 和 File Channel 存储容量更大、容错能力更强，弥补了其他两种 Channel 的短板，如果合理利用 Kafka 的性能，能够达到事半功倍的效果。

有了 Kafka Channel 可以在日志收集层只配置 Source 组件和 Kafka Channel 组件，不需要再配置 Sink 组件，减少了日志收集层启动的进程数并且有效降低服务器内存、磁盘等资源使用率，日志汇聚层可以只配置 Kafka Channel 和 Sink，不需要再配置 Source，减少日志汇聚层的进程数，这样的配置既能降低服务器的资源使用率又能减少 Event 在网络之间的传输，有效提高日志采集系统的性能。

关于 Kafka 的详细介绍请参考第 9 章分布式消息队列的介绍。

关键参数说明：

❑ type：Kafka Channel 类型，值为 org.apache.flume.channel.kafka.KafkaChannel。

❑ kafka.bootstrap.servers：Kafka broker 列表，格式为 ip1:port1，ip2:port2…，建议配置多个值提高容错能力，多个值之间用逗号隔开。

❑ kafka.topic：topic 名称，默认值 "flume-channel"。

❑ kafka.consumer.group.id：Consumer 组 id，Kafka Channel 使用 consumer.group.id 注册到 Kafka，该值是连接 kafka 集群的唯一值，同一组内可以有多个 Consumer，多个 Consumer 之间是互不干扰的，一个主题下的一条消息只能被同一组内的一个 Consumer 消费，其中的一个 Consumer 消费失败其他的 Consumer 会继续消费。基于这个特性，可以有多个 Agent 的 Kafka Channel 使用相同的 consumer.group.id，当一个 Agent 运行失败则其他 Agent 可以继续消费，很容易地提高了消息的容错能力，默认值 "flume"。

❑ parseAsFlumeEvent：是否以 Avro FlumeEvent 模式写入到 Kafka Channel 中，如果写

入到 Kafka Channel 中主题的 Producer 只有 Flume Source 则该参数应该设置为 true，如果有其他 Producer 也同时在向同一主题写数据则该参数应该设置为 false，Flume Source 写入到 Kafka 的消息在 Kafka 外部需要使用 flume-ng-sdk 提供的 org.apache.flume.source.avro.AvroFlumeEvent 类解析，默认值 true。

- migrateZookeeperOffsets：是否迁移 Zookeeper 中存储的 Consumer 消费的偏移量到 Kafka 中，主要是为了兼容 Kafka0.9 以下版本的 Kafka，Kafka0.9 以下版本 Consumer 消费的偏移量保存在 Zookeeper 中，0.9 之后的版本开始将偏移量保存到 Kafka 的一个主题中。默认值 true。
- pollTimeout：轮询超时时间，默认值 500 毫秒。
- kafka.consumer.auto.offset.reset：当 Kafka 中没有 Consumer 消费的初始偏移量或者当前偏移量在 Kafka 中不存在（比如数据已经被删除）情况下 Consumer 选择从 Kafka 拉取消息的方式。earliest 表示从最早的偏移量开始拉取，latest 表示从最新的偏移量开始拉取，none 表示如果没有发现该 Consumer 组之前拉取的偏移量则抛出异常。官方文档介绍默认值是 latest，但是从源码中查看是 earliest。
- kafka.enable.auto.commit：Consumer 是否自动提交偏移量，默认值 false。

Kafka Channel 相关操作在 org.apache.flume.channel.kafka 包的 KafkaChannel 类定义，kafka 相关参数的默认值在 org.apache.kafka.clients.CommonClientConfigs 包中的 KafkaChannelConfiguration 中。Kafka 的通用配置参数在配置文件中都以 "kafka." 为前缀，针对 Producer 或者 Consumer 的相关配置以 "kafka.producer." 或者 "kafka.consumer." 为前缀，源码 KafkaChannelConfiguration 中相关默认配置参数定义如下：

```
KAFKA_PREFIX = "kafka.";
KAFKA_CONSUMER_PREFIX = KAFKA_PREFIX + "consumer.";
KAFKA_PRODUCER_PREFIX = KAFKA_PREFIX + "producer.";
DEFAULT_ACKS = "all";
DEFAULT_KEY_SERIALIZER ="org.apache.kafka.common.serialization.StringSerializer";
DEFAULT_VALUE_SERIAIZER ="org.apache.kafka.common.serialization
                          .ByteArraySerializer";
DEFAULT_KEY_DESERIALIZER ="org.apache.kafka.common.serialization
                          .StringDeserializer";
DEFAULT_VALUE_DESERIAIZER ="org.apache.kafka.common.serialization
                          .ByteArrayDeserializer";
TOPIC_CONFIG = KAFKA_PREFIX + "topic";
BOOTSTRAP_SERVERS_CONFIG =KAFKA_PREFIX + CommonClientConfigs
                          .BOOTSTRAP_SERVERS_CONFIG;
DEFAULT_TOPIC = "flume-channel";
DEFAULT_GROUP_ID = "flume";
POLL_TIMEOUT = KAFKA_PREFIX + "pollTimeout";
DEFAULT_POLL_TIMEOUT = 500;
KEY_HEADER = "key";
DEFAULT_AUTO_OFFSET_RESET = "earliest";
PARSE_AS_FLUME_EVENT = "parseAsFlumeEvent";
```

```
DEFAULT_PARSE_AS_FLUME_EVENT = true;
PARTITION_HEADER_NAME = "partitionIdHeader";
STATIC_PARTITION_CONF = "defaultPartitionId";
MIGRATE_ZOOKEEPER_OFFSETS = "migrateZookeeperOffsets";
public static final boolean DEFAULT_MIGRATE_ZOOKEEPER_OFFSETS = true;
/*** Flume1.7 以前版本默认参数 ****/
BROKER_LIST_KEY = "metadata.broker.list";
REQUIRED_ACKS_KEY = "request.required.acks";
BROKER_LIST_FLUME_KEY = "brokerList";
//TOPIC = "topic";
GROUP_ID_FLUME = "groupId";
AUTO_COMMIT_ENABLED = "auto.commit.enable";
ZOOKEEPER_CONNECT = "zookeeper.connect";
ZOOKEEPER_CONNECT_FLUME_KEY = "zookeeperConnect";
TIMEOUT = "timeout";
DEFAULT_TIMEOUT = "100";
CONSUMER_TIMEOUT = "consumer.timeout.ms";
READ_SMALLEST_OFFSET = "readSmallestOffset";
DEFAULT_READ_SMALLEST_OFFSET = false;
```

定义规则：

```
a1.channels = c1
a1.sinks = k1
agent1.channels. c1.type = org.apache.flume.channel.kafka.KafkaChannel
agent1.channels. c1.kafka.bootstrap.servers = 192.168.1.3:9092, 192.168.1.4:9092
agent1.channels. c1.kafka.topic = ad_channel
agent1.channels. c1.kafka.consumer.group.id = ad-consumer
a1.sinks.k1.type = file_roll
a1.sinks.k1.channel = c1
a1.sinks.k1.sink.directory = /usr/local/flume/output
```

说明：agent1 没有配置 Source，只配置了 Channel 和 Sink，使用的 Channel 类型为 Kafka Channel，主题名称为 "ad_channel"，consumer 组 id 为 "ad-consumer"，Sink 类型为 file_roll 滚动生成文件，对接的 Channel 为 Kafka Channel c1。

3. Sink

（1）Avro Sink

Avro Sink 常用于对接下一层的 Avro Source，通过发送 RPC 请求将 Event 发送到下一层的 Avro Source，由于通过 RPC 请求发送 Event 会占用大量的网络资源，如果采用单条发送不但要占用大量的网络资源还会产生大量的 Socket 连接，增加系统负载。为了解决上述问题，Avro Sink 提供了端到端的批量压缩数据传输，根据实际使用场景设置合适的批量大小和是否使用压缩。

关键参数说明：

❑ type：Sink 类型为 avro。

❑ hostname：绑定的目标 Avro Souce 主机名称或者 IP。

❑ port：绑定的目标 Avro Souce 端口号。

❑ batch-size：批量发送 Event 数，默认值 100。

❑ compression-type：是否使用压缩，如果使用压缩则设值为"deflate"，Avro Sink 设置了压缩那么 Avro Source 也应设置相同的压缩格式，目前支持 zlib 压缩，默认值 none。

❑ compression-level：压缩级别，0 表示不压缩，从 1 到 9 数字越大压缩效果越好，默认值 6。

定义规则：

```
agent1.channels = c1
agent1.sinks = k1
agent1.sinks.k1.type = avro
agent1.sinks.k1.channel = c1
agent1.sinks.k1.compression-typ = deflate
agent1.sinks.k1.compression-level = 6
agent1.sinks.k1.hostname = 192.168.1.1
agent1.sinks.k1.port = 7878
```

说明：将 Event 以压缩的方式发送到 192.168.1.1:7878 的 Avro Source。

（2）HDFS Sink

HDFS 是目前主流的分布式文件系统，具有高容错、可扩展、高性能、低成本等特点。HDFS Sink 将 Event 写入 HDFS 文件存储，能够有效的长期存储大量数据。

关键参数说明：

❑ type：Sink 类型为 hdfs。

❑ hdfs.path：HDFS 存储路径，支持按日期时间分区。

❑ hdfs.filePrefix：Event 输出到 HDFS 的文件名前缀，默认前缀 FlumeData。

❑ hdfs.fileSuffix：Event 输出到 HDFS 的文件名后缀。

❑ hdfs.inUsePrefix：Flume 首先将 Event 输出到 HDFS 指定目录的临时文件中，然后按照配置的命名规则将临时文件重命名为目标文件。

❑ hdfs.inUseSuffix：临时文件名后缀，默认值为 .tmp。

❑ hdfs.rollInterval：HDFS 文件滚动生成时间间隔，默认值为 30 秒，该值设置为 0 表示文件不根据时间滚动生成。

❑ hdfs.rollSize：临时文件滚动生成大小，默认值为 1024B，该值设置为 0 表示文件不根据文件大小滚动生成。

❑ hdfs.rollCount：临时文件滚动生成的 Event 数，默认值为 10，该值设置为 0 表示文件不根据 Event 数滚动生成。

❑ hdfs.idleTimeout：临时文件等待 Event 写入的超时时间，达到超时时间临时文件自动关闭重命名为目标文件名称，默认值为 0 秒，该值设置为 0 表示禁用此功能，不自动关闭临时文件。

❑ hdfs.batchSize：Flume 批量写入 HDFS 的 Event 数量，默认值为 100。

- hdfs.codeC：文件压缩格式，目前支持的压缩格式有 gzip、bzip2、lzo、lzop、snappy，默认不采用压缩。

- hdfs.fileType：文件类型，该值设置为 DataStream 则输出的文件不会进行压缩，不需要设置 hdfs.codeC 指定压缩格式。该值设置为 CompressedStream 则对输出的文件进行压缩，需要设置 hdfs.codeC 指定压缩格式。默认值为 SequenceFile。

- hdfs.maxOpenFiles：打开 HDFS 的最大文件数，如果超过打开的最大文件数，则最早打开的文件先关闭。

- hdfs.minBlockReplicas：HDFS 文件块副本数。

- hdfs.writeFormat：Sequence 文件格式，目前可以选择 Text 或者 Writable 两种格式，默认值为 Writable。

- hdfs.callTimeout：操作 HDFS 文件的超时时间，如果需要写入 HDFS 文件的 Event 数比较大或者发生了打开、写入、刷新、关闭文件超时的问题，可以根据实际情况适当增大超时时间。默认值为 10000 毫秒。

- hdfs.threadsPoolSize：每个 HDFS Sink 执行 HDFS IO 操作打开的线程数，默认值为 10。

- hdfs.rollTimerPoolSize：HDFS Sink 根据时间滚动生成文件时启动的线程数，默认值为 1。

- hdfs.round：用于 HDFS 文件按照时间分区，时间戳向下取整，默认值为 false。

- hdfs.roundValue：当 round 设置为 true，配合 roundUnit 时间单位一起使用，例如 roundUnit 值为 minute，该值设置为 1 则表示一分钟之内的数据写到一个文件中，相当于每一分钟生成一个文件。默认值为 1。

- hdfs.roundUnit：按时间分区使用的时间单位，可以选择 second（秒）、minute（分钟）、hour（小时）三种粒度的时间单位，默认值为 second。

- hdfs.timeZone：写入 HDFS 文件使用的时区，默认值 Local Time 本地时间。

- hdfs.useLocalTimeStamp：是否使用本地时间替换 Event 头信息中的时间戳，默认值 false。

- hdfs.closeTries：在发起关闭尝试后，尝试重命名临时文件的次数。如果设置为 1，表示重命名一次失败后不再继续尝试重命名操作，此时待处理的文件将处于打开状态，扩展名为 .tmp。如果设置为 0，表示尝试重命名操作次数不受限制，直到文件最终被重命名成功。如果 close 调用失败，文件可能仍然会处于打开状态，但是文件中的数据将保持完整，文件会在 Flume 重启后关闭。默认值为 0。

- hdfs.retryInterval：连续尝试关闭文件的时间间隔。如果设置为 0 或小于 0 的数，第一次尝试关闭文件失败后将不会继续尝试关闭文件，文件将保持打开状态或者以".tmp"扩展名结尾的临时文件。默认值为 180 秒。

- serializer：序列化方式，可选值有 TEXT、avro_event 或者实现 EventSerializer.Builder 接口的类，默认值为 TEXT。

定义规则：

```
agent1.channels = c1
agent1.sinks = k1
agent1.sinks.k1.type = hdfs
agent1.sinks.k1.channel = c1
agent1.sinks.k1.hdfs.path = /data/ad/%y%m%d/%H
agent1.sinks.k1.hdfs.filePrefix = ad-
agent1.sinks.k1.hdfs.round = true
agent1.sinks.k1.hdfs.roundValue = 1
agent1.sinks.k1.hdfs.roundUnit = minute
agent1.sinks.k1.hdfs. callTimeout = 60000
```

说明：

Event 将会被写入到 HDFS 的 /data/ad 路径下，并且按照"年月日 / 小时"分区，生成的文件前缀为"ad-"，每一分钟生成一个文件。

（3）Kafka Sink

Kafka 是一款开源的分布式消息队列，在消息传递过程中引入 Kafka 会从很大程度上降低系统之间的耦合度，提高系统稳定性和容错能力。Flume 通过 Kafka Sink 将 Event 写入到 Kafka 中的主题，其他应用通过订阅主题消费数据。Flume1.7 开始支持 Kafka0.9 及以上版本。

关键参数说明：

❑ type：Sink 类型，值为 KafkaSink 类路径 org.apache.flume.sink.kafka.KafkaSink。

❑ kafka.bootstrap.servers：Broker 列表，定义格式 host:port，多个 Broker 之间用逗号隔开，可以配置一个也可以配置多个，用于 Producer 发现集群中的 Broker，建议配置多个，防止当前 Broker 出现问题连接失败。

❑ kafka.topic：Kafka 中 Topic 主题名称，默认值为 flume-topic。

❑ flumeBatchSize：Producer 端单次批量发送的消息条数，该值应该根据实际环境适当调整，增大批量发送消息的条数能够在一定程度上提高性能，但是同时也增加了延迟和 Producer 端数据丢失的风险。默认值为 100。

❑ kafka.producer.acks：设置 Producer 端发送消息到 Borker 是否等待接收 Broker 返回成功送达信号。0 表示 Producer 发送消息到 Broker 之后不需要等待 Broker 返回成功送达的信号，这种方式吞吐量高，但是存在数据丢失的风险，"retries"配置的发送消息失败重试次数将失效。1 表示 Broker 接收到消息成功写入本地 log 文件后向 Producer 返回成功接收的信号，不需要等待所有的 Follower 全部同步完消息后再做回应，这种方式在数据丢失风险和吞吐量之间做了平衡。all（或者 −1）表示 Broker 接收到 Producer 的消息成功写入本地 log 并且等待所有的 Follower 成功写入本地 log 后向 Producer 返回成功接收的信号，这种方式能够保证消息不丢失，但是性能最差。默认值为 1。

❑ useFlumeEventFormat：默认情况下，Producer 只会将 Event 主体信息以字节形式发送到 Kafka Topic 中。如果设置为 true，Producer 发送到 Kafka Topic 中的 Event 将能够保留 Producer 端头信息，以 Flume Avro 二进制形式存储，结合下游 Kafka Source 或者 Kafka Channel 中的 parseAsFlumeEvent 属性一起使用。默认值为 false。

其他关于 Kafka Producer 端的属性设置请参考 Kafka Producer 相关配置说明，如果在 Flume 中使用其他 Kafka Producer 相关配置，直接使用 Producer. property 形式设置。

Kafka Producer 详细配置说明访问地址：

http://kafka.apache.org/090/documentation.html#producerconfigs。

定义规则：

```
a1.sinks.k1.channel = c1
a1.sinks.k1.type = org.apache.flume.sink.kafka.KafkaSink
a1.sinks.k1.kafka.topic = ad_topic
a1.sinks.k1.kafka.bootstrap.servers = 192.168.1.1:9092,192.168.1.2:9092,192.168.1.3:9092
a1.sinks.k1.kafka.flumeBatchSize = 100
a1.sinks.k1.kafka.producer.acks = 1
a1.sinks.k1.kafka.producer.linger.ms = 10
a1.sinks.ki.kafka.producer.compression.type = lz4
```

说明：使用 Kafka Sink 向"ad_topic"主题批量发送 lz4 压缩的消息，批量发送的消息数量为 100，延迟发送时间为 10 毫秒。

6.2 Flume 应用实践

6.2.1 拦截器、选择器实践

1. 拦截器

Source 将 Event 写入到 Channel 之前可以使用拦截器对 Event 进行各种形式的处理，Source 和 Channel 之间可以有多个拦截器，不同的拦截器使用不同的规则处理 Event。拦截器是比较轻量级的插件，不建议使用拦截器对 Event 进行过于复杂的处理，复杂的处理操作可能需要耗费更多的时间，对 Flume 整体性能会产生负面的影响。

Flume 已经提供的拦截器有时间戳拦截器（Timestamp Interceptor）、主机拦截器（Host Interceptor）、UUID 拦截器（UUID Interceptor）、静态拦截器（Static Interceptor）、正则表达式过滤拦截器（Regex Filtering Interceptor）、搜索 – 替换拦截器（Search and Replace Interceptor）等多种形式的拦截器。Flume 也支持自定义编写拦截器，只需实现 Interceptor 接口，下面主要介绍时间戳拦截器、主机拦截器及静态拦截器。

（1）时间戳拦截器（Timestamp Interceptor）

Flume 使用时间戳拦截器在 Event 头信息中添加时间戳信息，Key 为 timestamp，Value 为拦截器拦截 Event 时的时间戳。头信息时间戳的作用，比如 HDFS 存储的数据采用时间分区存储，Sink 可以根据 Event 头信息中的时间戳将 Event 按照时间分区写入到 HDFS。

关键参数说明：

❑ type：拦截器类型为 timestamp。

❑ preserveExisting：如果头信息中存在 timestamp 时间戳信息，是否保留原来的时间戳信息，true 保留，false 使用新的时间戳替换已经存在的时间戳，默认值为 false。

定义规则：

```
# 配置 Agent
agent1.sources = r1
agent1.channels = c1
# 设置时间戳拦截器
agent1.sources.r1.interceptors = i1
agent1.sources.r1.interceptors.i1.type = timestamp
```

（2）主机拦截器（Host Interceptor）

Flume 使用主机戳拦截器在 Event 头信息中添加主机名称或者 IP，Key 通过参数 hostHeader 配置，默认值 host，如果配置参数 useIP 设置为 false 则 Value 值为主机名称，反之 Value 值为 IP。主机拦截器的作用，比如 Source 将 Event 按照主机名称写入到不同的 Channel 中便于后续 Sink 对不同 Channnel 中的数据分开处理。

关键参数说明：

❑ type：拦截器类型为 timestamp。

❑ preserveExisting：如果头信息中存在主机信息是否保留原来的主机信息，true 保留，false 使用新的主机信息替换已经存在的主机信息，默认值为 false。

❑ useIP：是否使用 IP 作为主机信息写入头信息，默认值为 false。

❑ hostHeader：设置头信息中主机信息的 Key，默认值为 host。

定义规则：

```
agent1.sources = r1
agent1.channels = c1
# 设置主机拦截器
agent1.sources.r1.interceptors = i1
agent1.sources.r1.interceptors.i1.type = host
# 使用 IP 作为主机信息写入头信息

agent1.sources.r1.interceptors.i1. useIP = true
agent1.sources.r1.interceptors.i1.hostHeader = ip
```

（3）静态拦截器（Static Interceptor）

关键参数说明：

❑ preserveExisting：如果头信息中存在可设置的键是否保留原来信息，true 保留，false 使用新的键值替换已经存在的键值，默认值为 false。

❑ key：头信息中的键。

❏ value：头信息中键对应的值。

定义规则：

```
agent1.sources = r1
agent1.channels = c1
agent1.sources.r1.interceptors = i1
agent1.sources.r1.interceptors.i1.type = static
agent1.sources.r1.interceptors.i1.key = logtype
agent1.sources.r1.interceptors.i1.value = ad
```

2. 选择器

Source 发送的 Event 通过 Channnle 选择器来选择以哪种方式写入到 Channel 中，Flume 提供三种类型 Channel 选择器，分别是复制 Channel 选择器（Replicating Channel Selector）、复用 Channel 选择器（Multiplexing Channel Selector）和自定义选择器。Flume 提供多种选择器主要是为了满足各种组合式场景，能够在不同场景下保证 Event 灵活、可靠地传输。下面将重点介绍前面两种选择器。

（1）复制 Channel 选择器（Replicating Channel Selector）

如果 Channel 选择器没有指定，默认是复制 Channel 选择器。复制选择器从字面含义非常容易理解，即一个 Source 以复制的方式将一个 Event 同时写入到多个 Channel 中，不同的 Sink 可以从不同的 Channel 中获取相同的 Event，比如同一份日志的数据需要同时写入 Kafka 用于实时计算，另外需要保存一份原始日志到 HDFS 用于校验和校正结果数据，这就需要一个 Event 同时写入两个 Channel，然后被不同类型的 Sink 发送到不同的外部存储。

关键参数说明：

❏ selector.type：Channel 选择器类型为 replicating。

❏ selector.optional：定义可选 Channel，多个可选 Channel 之间用空格隔开。

定义规则：

```
agent1.sources = r1
agent1.channels = c1 c2 c3
agent1.sinks = k1 k2 k3
# 定义 source
agent1.sources.r1.type = avro
agent1.sources.r1.bind = 192.168.1.1
agent1.sources.r1.port = 9876
agent1.sources.r1.channels = c1 c2
# 设置选择器
agent1.sources.r1.selector.type = replicating
agent1.sources.r1.channels = c1 c2
agent1.sources.r1.selector.optional = c3
# 设置 channel c1
agent1.channels.c1.type = memory
agent1.channels.c1.capacity = 10000
agent1.channels.c1.transactionCapacity = 10000
agent1.channels.c1.byteCapacityBufferPercentage = 20
```

```
agent1.channels.c1.byteCapacity = 800000
# 设置 channel c2
agent1.channels.c2.type = memory
agent1.channels.c2.capacity = 10000
agent1.channels.c2.transactionCapacity = 10000
agent1.channels.c2.byteCapacityBufferPercentage = 20
agent1.channels.c2.byteCapacity = 800000
# 设置 channel c3
agent1.channels.c3.type = memory
agent1.channels.c3.capacity = 10000
agent1.channels.c3.transactionCapacity = 10000
agent1.channels.c3.byteCapacityBufferPercentage = 20
agent1.channels.c3.byteCapacity = 800000
# 设置 kafka sink
agent1.sinks.k1.channel = c1
agent1.sinks.k1.type = org.apache.flume.sink.kafka.KafkaSink
agent1.sinks.k1.kafka.topic = kafka_sink_test1
agent1.sinks.k1.kafka.bootstrap.servers = 192.168.1.3:9092,192.168.1.4:9092
agent1.sinks.k1.kafka.flumeBatchSize = 20
agent1.sinks.k1.kafka.producer.acks = 1
agent1.sinks.k1.kafka.linger.ms = 0
# 设置 HDFS sink
agent1.sinks.k2.channel = c2
agent1.sinks.k2.type = hdfs
agent1.sinks.k2.hdfs.path = /flume_temp/%Y%m%d/%H
agent1.sinks.k2.round = true
agent1.sinks.k2.roundValue = 0
agent1.sinks.k2.roundUnit = minute
# 设置 file sink
agent1.sinks.k3.channel = c1
agent1.sinks.k3.type = file_roll
agent1.sinks.k3.sink.directory = /flume_log
agent1.sinks.k3.sink.rollInterval = 3600
```

说明：avro source 接收消息采用复制选择器同时写入三个 Channel，Channel c1、c2 是必选的两个 channel，当有消息写入 Channel c1 和 c2 失败时（比如 Sink 没有及时消费 Channel 中的消息导致 Channel 中消息严重堆积，最终存储空间写满，无法接收更多的消息写入）会向 Source 抛出异常，Channel c3 为可选 Channel，当写入 c3 发生异常时，c3 不会向 Source 抛出异常。Sink k1 从 Channel c1 获取消息写入到 Kafka 消息队列，Sink k2 从 Channel c2 获取消息写入到 HDFS，Sink k3 从 Channel c3 获取消息写入到本地文件系统。

（2）复用 Channel 选择器（Multiplexing Channel Selector）

复用 Channel 选择器需要和拦截器配合使用，根据 Event 的头信息中不同键值数据来判断 Event 应该被写入哪个 Channel 中。从源码 MultiplexingChannelSelector 类中可以很清晰地了解复用 Channel 选择器具体执行流程，重要的三个方法 configure、getRequiredChannels、getOptionalChannels，configure 方法用于初始化上下文，从配置文件中读取配置信息，getRequiredChannels 接收参数为 Event，返回值为 Event 应该写入的 Channel 列表，如果在配置文件中没有设置 header 信息或者通过 headerValue 获取到的 channel 列表为空都会返回默认配置的 Channel 列表。

```
public List<Channel> getRequiredChannels(Event event) {
    string headerValue = event.getHeaders().get(headerName);
    if (headerValue == null || headerValue.trim().length() == 0) {
        return defaultChannels;
    }
    List<Channel> channels = channelMpping.get(headerValue);
    //This header value does not point to anything
    //Return default channel(s) here.
    if (channels == null) {
        channels = defaultChannels;
    }
    return channels;
}
```

getOptionalChannels 方法接收参数为 Event，返回值为可选 Channel 列表，通过头信息中的 headerName 的值查找配置文件中定义的可选 Channel，如果能够匹配到可选的 Channel 返回可选 Channel 列表，如果没有配置的可选 Channel 则返回一个空列表，Event 不会写入到任何可选 Channel。

```
public List<Channel> getOptionalChannels(Event event) {
    string hdr = event.getHeaders().get(headerName);
    List<Channel> channels = optionalChannels.get(hdr);
    if (channels == null) {
        channels = EMPTY_LIST;
    }
    return channels;
}
```

多路复用 Channel 中可以配置三种级别的 Channel，分别是必选 Channnle、可选 Channel、默认 Channel，通过头信息中的 header 值匹配是否符合条件写入到必选 Channel 和可选 Channel，如果在配置文件中没有设置 header 选项或者不符合写入必选 Channel 的条件都会写入到默认 Channel。同一个 Event 只会同时写入必选 Channel 和可选 Channel 或者同时写入可选 Channel 和默认 Channel，不会同时写入必选 Channel 和默认 Channel。

关键参数说明：

❑ selector.type：Channel 选择器类型为 multiplexing。

❑ selector.header：设置头信息中用于检测的 headerName。

❑ selector.default：默认写入的 Channel 列表。

❑ selector.mapping.*：headerName 对应的不同值映射不同的 Channel 列表。

定义规则：

```
agent1.sources = r1
agent1.channels = c1 c2 c3 c4 c5
agent1.sources.r1.selector.type = multiplexing
```

```
agent1.sources.r1.selector.header = logtype
agent1.sources.r1.selector.mapping.ad = c1
agent1.sources.r1.selector.mapping.search = c2
agent1.sources.r1.selector.optional.ad=c3
agent1.sources.r1.selector.optional.ad=c4
agent1.sources.r1.selector.default = c5
```

说明：

agent1 的 channel 列表有 c1、c2、c3、c4、c5，Channel 选择器采用复用（multiplexing）选择器，检测头信息中的 logtype 键值，键值为"ad"映射到 c1，键值为"search"映射到 c2，如果 Event 写入到 c1 或者 c2 出现异常则向 Source 抛出异常。键值为"ad"映射到 c3，键值为"search"映射到 c4，c3、c4 为可选 Channel，如果 Event 写入到 c3 或者 c4 出现异常不会向 Source 抛出异常。如果在 Event 中没有 logtype 键或者 logtype 键值没有映射的 Channnel 列表，则 Event 写入到默认的 c5 中。

6.2.2　负载均衡、故障转移实践

Flume 为了进一步提高整个系统的容错能力和稳定性，提供了负载均衡和故障转移功能，这两个功能配置简单，使用方便，只需要简单的配置就可以轻松实现负载均衡和故障转移。实现这两个功能首先需要设置 Sink 组，同一个 Sink 组内有多个子 Sink，不同的 Sink 之间可以配置成负载均衡或者故障转移。

1. 负载均衡

关键参数说明：

❑ sinks：sink 组内的子 sink，多个子 sink 之间用空格隔开。

❑ processor.type：设置负载均衡类型 failover。

❑ processor.backoff：在负载均衡的情况下需要将值设置为 true，如果在系统运行过程中执行的 Sink 失败，会将失败的 Sink 放进黑名单中，为黑名单中的 Sink 设置驻留时间，黑名单中的 Sink 将不会再继续接收数据。当驻留时间超时，黑名单中的 sink 仍然无法提供服务，为了防止长时间等待黑名单中的 Sink 造成阻塞影响系统正常运行，黑名单驻留时间将以指数倍增加，默认值 false。

❑ processor.selector.maxTimeOut：失败 sink 在黑名单中的驻留时间，默认值为 30000ms。

❑ processor.selector：负载均衡选择算法，可以使用轮询"round_robin"、随机"random"或者继承 AbstractSinkSelector 类的自定义负载均衡实现类。

定义规则：

```
agent1.sinkgroups = g1
agent1.sinkgroups.g1.sinks = k1 k2
agent1.sinkgroups.g1.processor.type = load_balance
agent1.sinkgroups.g1.processor.backoff = true
agent1.sinkgroups.g1.processor.selector = random
```

2. 故障转移

关键参数说明：

❏ sinks：sink 组内的子 sink，多个子 sink 之间用空格隔开。

❏ processor.type：设置故障转移类型"failover"。

❏ processor.priority.<sinkName>：指定 Sink 组内各子 Sink 的优先级别，优先级从高到低，数值越大优先级越高。

❏ processor.maxpenalty：等待失败的 Sink 恢复的最长时间，默认值 30000 毫秒。

Sink 组是一个包含多个 Sink 的列表，不同 Sink 设置不同的优先级，优先级从高到低，数值越大优先级越高。

定义规则：

```
agent1.sinkgroups = g1
agent1.sinkgroups.g1.sinks = k1 k2
agent1.sinkgroups.g1.processor.type = failover
agent1.sinkgroups.g1.processor.priority.k1 = 5
agent1.sinkgroups.g1.processor.priority.k2 = 10
agent1.sinkgroups.g1.processor.maxpenalty = 5000
```

6.2.3 设计与实践

日志收集作为整个业务系统的数据源头具有非常重要的作用，日志收集系统必须保证能够灵活、持续、高效、稳定地提供数据采集服务。Flume 的模块化、插件式、易扩展、自动负载均衡、高容错等特性非常适合重要业务系统的数据采集工作，Flume 通过简单的配置文件可以构建一个复杂而强大的日志收集系统，虽然 Flume 如此易用和强大，但也需要优秀的数据收集架构设计，Flume 允许各个组件自有组合以实现不同场景的日志收集架构，下面分别介绍单层收集架构和多层收集架构两种方式。

1. 单层日志收集架构

单层日志收集架构简单易用，只需要在各个日志生成节点部署单一 Agent，Agent 将采集到的数据发送到指定的外层存储，比如 HDFS、Kafka、HBase 等，这种日志采集架构设计存在一些问题：

1）采集的数据源种类比较多、采集服务器节点多，如果将这些不同服务器不同种类的数据发送到 HDFS 存储会产生很多小文件，HDFS 采用分块多备份的存储方式，每个块文件有默认的大小，如果小文件过多会在 NameNode 中分配更多的内存空间来存储文件的元数据信息，给 NameNode 带来不必要的内存开销。小文件过多在使用 MapReduce 处理的时候也会产生更多的 Map 任务，消耗更多的集群资源，降低集群有效使用率。

2）外部存储升级维护或者出现系统故障需要对所有的日志采集层 Agent 进行处理，消耗更多的人力成本，降低系统的稳定性。比如 Kafka 从 0.8 版本升级到 0.9 版本，如果 Flume 使用的是 1.6 版本需要升级到 1.7 版本才能够对 0.9 版本的 Kafka 进行很好的支持。

3）系统安全问题，单层日志收集的架构以及所有外部存储的 IP、端口号等系统信息都会暴露在采集端，增大了被黑客攻击的可能，大大降低了系统安全性。

4）采集数据源多种多样，不能够清晰准确地划分层次，对于数据源的日常管理就会非常混乱，很容易引起错误的人工操作。

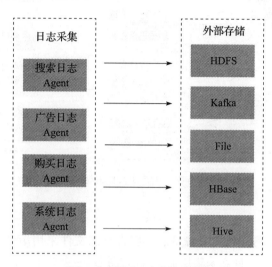

图 6-2　单层日志收集架构

如果是单一业务，数据量比较小集群规模也比较小，可以选择单一采集架构，但是单一采集架构的采集方式存在上述的诸多问题，需要进一步优化采集架构。

2. 分层日志收集架构

分层日志收集架构将日志采集、日志汇聚分发分开部署，将不同种类的数据源分类划分层次，第一层日志采集层，负责采集各业务线不同的日志数据，每台日志服务器部署一个或者多个 Agent。在 Agent 内部根据业务场景选择负载均衡、故障转移保证系统稳定高效地运行。第二层日志汇聚层，负责接收日志采集层实时发送过来的日志数据，根据业务类型分类，对同一类型的日志数据统一处理。如果外部存储对接的是 HDFS，可以通过设置批量写入 HDFS 数据量和滚动生成的文件大小来控制文件数，避免小文件的大量产生。

采用分层日志收集架构的优点：

1）各种类型的日志数据分层整合处理架构清晰，运维高效，降低人工误操作风险。

2）避免过多小文件产生，提高系统稳定性和处理能力。

3）不会对外部暴露关键系统的系统信息，降低被黑客攻击的风险，大大提高系统安全性。

4）各关联系统易升级。

采用分层日志收集架构的缺点：

相对于单一日志收集架构部署相对复杂，需要占用的机器资源更多，但是相对于大型的业务系统主要关心的应该是系统的稳定性、容错能力、扩展性、安全性等关键问题。

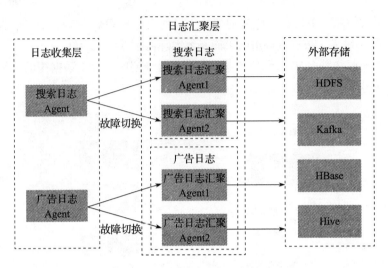

图 6-3　分层日志收集架构

3. 应用场景实践

以 Flume1.7 版本为例，收集广告日志，广告日志文件采用滚动生成日志文件的方式，一分钟生成一个日志文件。日志采集层需要实时监控每一个新生成的日志文件，将数据发送到日志汇聚层，日志采集层的每一个 Agent 采用故障切换的方式配置两个或多个 Sink，日志汇聚层采用多 Agent 接收日志采集层的数据，然后分别发送到 HDFS 和 Kafka，HDFS 的广告数据用于备份和离线计算，Kafka 的数据用于实时计算。

日志采集层配置：

```
# 广告日志采集
ad_agent.sources = r1
ad_agent.channels = c1
ad_agent.sinks = k1 k2
# set taildir source
ad_agent.sources.r1.type = TAILDIR
# 存储 agent 读取日志文件位置信息
ad_agent.sources.r1.positionFile = /flume-1.7.0/position/taildir_sinkprocessor_
position.json
ad_agent.sources.r1.filegroups = f1
# 监控日志
ad_agent.sources.r1.filegroups.f1 =/ad_log/*.log
ad_agent.sources.r1.channels = c1
# set file channel
ad_agent.channels.c1.type = file
ad_agent.channels.c1.checkpointDir = /flume/checkpoint
ad_agent.channels.c1.dataDirs = /flume/data
# set sink groups
ad_agent.sinkgroups = g1
ad_agent.sinkgroups.g1.sinks = k1 k2
```

```
# 故障转移设置
ad_agent.sinkgroups.g1.processor.type = failover
ad_agent.sinkgroups.g1.processor.priority.k1 = 5
ad_agent.sinkgroups.g1.processor.priority.k2 = 10
ad_agent.sinkgroups.g1.processor.maxpenalty = 5000
# set avro sink
ad_agent.sinks.k1.channel = c1
ad_agent.sinks.k1.type = avro
ad_agent.sinks.k1.hostname = 192.168.1.1
ad_agent.sinks.k1.port = 9876
ad_agent.sinks.k2.channel = c1
ad_agent.sinks.k2.type = avro
ad_agent.sinks.k2.hostname = 192.168.1.2
ad_agent.sinks.k2.port = 9877
```

日志汇聚层配置:

```
# 广告日志汇聚层
ad_collector_agent.sources = r1
ad_collector_agent.channels = c1
ad_collector_agent.sinks = k1
# set avro source
ad_collector_agent.sources.r1.type = avro
ad_collector_agent.sources.r1.bind = 192.168.1.1
ad_collector_agent.sources.r1.port = 9876
ad_collector_agent.sources.r1.channels = c1
# set interceptor
ad_collector_agent.sources.r1.interceptors = i1
ad_collector_agent.sources.r1.interceptors.i1.type = timestamp
# set kafka channel
ad_collector_agent.channels.c1.type = org.apache.flume.channel.kafka.KafkaChannel
# kafka broker 地址
ad_collector_agent.channels.c1.kafka.bootstrap.servers = 192.168.1.3:9092,
192.168.1.4:9093,192.168.1.5:9094
# 主题名称
ad_collector_agent.channels.c1.kafka.topic = flume_channel_ad_topic
ad_collector_agent.channels.c1.consumer.group.id = flume-consumer
# set kafka sink
ad_collector_agent.sinks.kafkasink.channel = c1
ad_collector_agent.sinks.kafkasink.type = org.apache.flume.sink.kafka.KafkaSink
ad_collector_agent.sinks.kafkasink.kafka.topic = ad_topic
ad_collector_agent.sinks.kafkasink.kafka.bootstrap.servers = 192.168.1.3:9092,
192.168.1.4:9093,192.168.1.5:9094
ad_collector_agent.sinks.kafkasink.kafka.flumeBatchSize = 20
ad_collector_agent.sinks.kafkasink.kafka.producer.acks = 1
# set hdfs sink
ad_collector_agent.sinks.k2.channel = c1
ad_collector_agent.sinks.k2.type = hdfs
# hdfs 路径, 按年月日 / 小时分区
ad_collector_agent.sinks.k2.hdfs.path = /data/ad/%Y%m%d/%H
# 一分钟滚动生成一个文件
```

```
ad_collector_agent.sinks.k2.round = true
ad_collector_agent.sinks.k2.roundValue = 0
ad_collector_agent.sinks.k2.roundUnit = minute
# 文件名前缀
ad_collector_agent.sinks.k2.hdfs.filePrefix = %Y%m%d%H%M
# 文件名后缀
# ad_collector_agent.sinks.k2.hdfs.fileSuffix = log
```

启动：

开启 jmx 监控，在 conf 目录下打开 flume-env.sh 文件添加如下环境变量，开启 jmx 用于监控系统采集监控数据：

```
export JAVA_OPTS= "-Dcom.sun.management.jmxremote
                   -Dcom.sun.management.jmxremote.port=5445
                   -Dcom.sun.management.jmxremote.authenticate=false
                   -Dcom.sun.management.jmxremote.ssl=false"
```

分别启动日志采集层和日志汇聚层各 Agent，启动命令如下：

```
bin/flume-ng agent -c conf -f conf/ad_agent.properties -n ad_agent
bin/flume-ng agent -c conf -f conf/ad_collector_agent.properties -n ad_agent
```

6.3　小结

本章主要介绍分布式日志收集系统 Flume 的原理及常用组件的使用方法。本章使用目前最新版本 Flume1.7，该版本在原有的 1.6 版本之上做了很多优化升级，新增加 Taildir Source、Kafka Channel，并对 Kafka Sink 做了较大的升级优化。通过理论结合实践的方式介绍 Flume 在生产环境中的设计方式。

分布式消息队列

7.1　Kafka 介绍

7.1.1　基本架构

Kafka 是由 LinkedIn 开源的分布式消息队列，能够轻松实现高吞吐、可扩展、高可用，并且部署简单快速、开发接口丰富。各大互联网公司已经在生产环境中广泛使用，目前已经有很多分布式处理系统支持使用 kafka，比如 Spark、Strom、Druid、Flume 等。Kafka 分布式消息队列的作用：

❏ 解耦：将消息生产阶段和处理阶段拆分开，两个阶段互相独立各自实现自己的处理逻辑，通过 Kafka 提供的消息写入和消费接口实现对消息的连接处理。降低开发复杂度，提高系统稳定性。

❏ 高吞吐率：Kafka 通过顺序读写磁盘提供可以和内存随机读写相匹敌的读写速度，灵活的客户端 API 设计，利用 Linux 操作系统提供的"零拷贝"特性减少消息网络传输时间，提供端到端的消息压缩传输，对同一主题下的消息采用分区存储，Kafka 通过诸多良好的特性利用廉价的机器就可以轻松实现高吞吐率。

❏ 高容错、高可用：Kafka 允许用户对分区配置多副本，Kafka 将副本均匀地分配到各个 broker 存储，保证同一个分区的副本不会在同一台机器上存储（集群模式下），多副本之间采用 Leader-Follower 机制同步消息，只有 Leader 对外提供读写服务，当 Leader 意外失败、Broker 进程关闭、服务宕机等情况导致数据不可用时，kafka 会从 Follower 中选择一个 Leader 继续提供读写服务。

❏ 可扩展：理论上 Kafka 的性能随着 Broker 的增多而增加，增加一个 Broker 只需要为新增加的 Broker 设置一个唯一编号，编写好配置文件后，Kafka 通过 Zookeeper 就能发现新的 Broker。

□ 峰值处理：例如秒杀系统、双十一等促销活动的爆发式集中支付系统、推荐系统等都需要消息队列的介入，这类系统在某个时间点数据会爆发式增长，后台处理系统不能够及时处理峰值请求，如果没有消息队列的接入就会造成后台系统处理不及时，请求数据严重挤压，如此恶性循环最终导致系统崩溃。Kakfa 的接入能够使数据进行冗余存储，并保证消息顺序读写，相当于给系统接入了一个大的缓冲区，既能接收持续暴增的请求，又能根据后台系统的处理能力提供数据服务，进而提高各业务系统的峰值处理能力。

kafka 有如此多的优点并且被广泛认可和使用完全得益于它优秀的设计架构以及丰富的开发接口。下面将详细介绍 kafka 的设计架构，如图 7-1 所示。

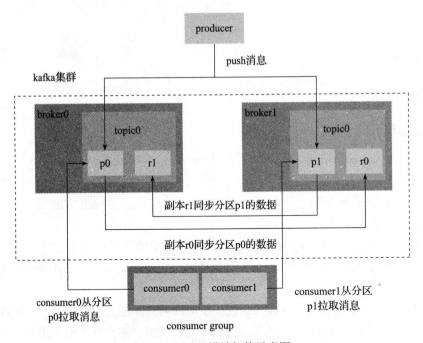

图 7-1　Kafka 设计架构示意图

Broker：启动 kafka 的一个实例就是一个 broker，默认端口 9092。一个 kafka 集群可以启动多个 broker 同时对外提供服务，broker 不保存任何 producer 和 consumer 相关的信息。

Topic：主题，kafka 中同一种类型数据集的名称，相当于数据库中的表，producer 将同一类型的数据写入同一个 topic 下，consumer 从同一个 topic 消费同一类型的数据。逻辑上同一个数据集只有一个 topic，如果设置一个 topic 有多个 partition 和多个 replication，在物理上同一个 topic 下的数据集会被分成多份存储到不同的物理机上。

Partition：分区，一个 topic 可以设置多个分区，相当于把一个数据集分成多份分别放到不同的分区中存储。一个 topic 可以有一个或者多个分区，在创建 topic 的时候可以设置 topic 的 partition 数，如果不设置默认为 1。理论上 partition 数越多，系统的整体吞吐率就越高，但是在实际应用中并不是 partition 越多越好，反而过多的 partition 在 broker 宕机需要重新对 partition 选主，在这个过程中耗时太久会导致 partition 暂时无法提供服务，造成写入消息失败。分区命名规则是 topicname-index（比如：testtopic-1、testtopic-2 等）。

Segment：段文件，kafka 中最小数据存储单位，kafka 可以存储多个 topic，各个 topic 之间隔离没有影响，一个 topic 包含一个或者多个 partition，每个 partition 在物理结构上是一个文件夹，文件夹名称以 topic 名称加 partition 索引的方式命名，一个 partition 包含多个 segment，每个 segment 以 message 在 partition 中的起始偏移量命名以 log 结尾的文件，producer 向 topic 中发布消息会被顺序写入对应的 segment 文件中。Kafka 为了提高写入和查询速度，在 partition 文件夹下每一个 segment log 文件都有一个同名的索引文件，索引文件以 index 结尾。

Offset：消息在分区中的偏移量，用来在分区中唯一地标识这个消息。

Replication：副本，一个 partition 可以设置一个或者多个副本，副本主要保证系统能够持续不丢失地对外提供服务。在创建 topic 的时候可以设置 partition 的 replication 数。

Producer：消息生产者，负责向 kafka 中发布消息。

Consumer Group：消费者所属组，一个 Consumer Group 可以包含一个或者多个 consumer，当一个 topic 被一个 Consumer Group 消费的时候，Consumer Group 内只能有一个 consumer 消费同一条消息，不会出现同一个 Consumer Group 中多个 consumer 同时消费一条消息造成一个消息被一个 Consumer Group 消费多次的情况。

Consumer：消息消费者，consumer 从 kafka 指定的主题中拉取消息，如果一个 Topic 有多个分区，Kafka 只能保证一个分区内消息的有序性，在不同的分区之间无法保证。

Zookeeper：Zookeeper 在 kafka 集群中主要用于协调管理，Kafka 将元数据信息保存在 Zookeeper 中，通过 Zookeeper 的协调管理来实现整个 Kafka 集群的动态扩展、各个 Broker 负载均衡、Productor 通过 Zookeeper 感知 Partition 的 Leader、Consumer 消费的负载均衡并可以保存 Consumer 消费的状态信息，Kafka0.9 版本之前 Consumer 消费消息的偏移量记录在 Zookeeper 中，0.9 版本之后则由 Kafka 自己维护 Consumer 消费消息的偏移量。

7.1.2　高吞吐的实现

Kafka 通过顺序读写磁盘提供可以和内存随机读写相匹敌的读写速度，使用"sendfile"技术实现"零拷贝"减少消息网络传输时间，通过对客户端的优化设计提高消息发布和订阅的性能，对同一主题下的消息采用多分区存储，Kafka 通过诸多良好的特性利用廉价的机器就可以轻松地实现高吞吐率。

1. 磁盘存储顺序读写

磁盘存储的最大优势是成本低，存储能力强，持久化时间长，不同的消费者可以对同一个消息多次处理，但是磁盘的读写速度被人们普遍认为比内存的读写速度差很多，经过测试，磁盘顺序读写的性能比内存随机读写的性能还要高，但磁盘随机读写的性能就很差，都是在磁盘上进行读写操作，为什么磁盘顺序读写的性能就比磁盘随机读写的性能要高很多？主要原因是传统的机械硬盘在随机读写过程中磁头和探针需要快速地转动频繁寻道，寻道过程耗费了大量时间，严重影响了硬盘的读写性能。

2. PageCache

Page Cache（页缓存）是操作系统分配的一块闲置内存区域，当有其他应用程序申请内存时，操作系统会释放一部分页缓存来满足应用程序的内存需求。当有应用程序需要读取义件数据时，操作系统首先在页缓存中查找是否有应用程序要读取的数据，如果没有（发现有缺页）则将目标文件数据先加载到页缓存中，然后从页缓存中将数据发送给应用程序。当应用程序需要将数据写入到文件中时，操作系统先将应用程序发送的数据缓存到页缓冲区并标记为脏页进行管理，操作系统周期性地将脏页数据写入到磁盘文件中。

Kafka 很好地利用了页缓存的高速读写性能，当 Producer 向 kafka 发布消息时，Broker 接收到消息先将消息写入页缓存，并且标记为脏页，操作系统周期性地将脏页数据写入到分区内的 log 文件中，当 Consumer 有拉取操作时，先从页缓存中查找，如果在页缓存中命中需要拉取的消息则直接将消息拉取走，如果发生缺页的情况则从 log 文件中将数据加载到页缓存返回给 Consumer。通过页缓存的使用，减少了数据传输次数和网络开销，如果 Produce 写入 Kafka 和 Consumer 从 Kafka 中拉取的速度达到一个平衡点，完全可以在页缓存中达到交换数据的目的。

Kakfa 使用 Scala 开发完成，Scala 依赖于 JVM，JVM 自动完成垃圾回收，当执行一次 Full GC 的时候需要 "Stop The Wrold"，除了 GC 所需线程之外，其他线程都要停止工作，直到 Full GC 结束。如果在 Kafka 中消息全部缓存到 JVM，如果对象比较大会频繁引起 Full GC，严重影响 Kafka 性能。Kafka 的设计中采用页缓存的方式缓存消息，避免在 JVM 内部缓存数据带来的负面影响。如果 Kafka 重启或者意外宕机，JVM 线程内部的缓存都会被清除，而操作系统管理的页缓存不会受到任何影响，可以继续使用，避免了消息丢失的风险。

3. 零拷贝

Kafka 的设计通过前边介绍的磁盘存储顺序读写、巧妙利用操作系统 Page Cache 取得了较好性能，但是 Kafka 的工程师们没有停下继续对 Kafka 的架构和实现方式进行优化的脚步。Kafka 为了进一步优化性能还采用了 Sendfile 技术，通过 "零拷贝" 发送数据，实现高效数据传输。

首先介绍没有使用 "零拷贝" 技术的应用程序之间的数据传输过程：

第一步，操作系统将数据从磁盘读入内核空间中的页缓存；

第二步，应用程序将数据从内核空间读入用户空间缓冲区；

第三步，应用程序将数据写回到内核空间放入的 Sock 缓冲区中；

第四步，操作系统将数据从 Socket 缓冲区复制到 NIC 缓冲区，并通过网络发送出去。

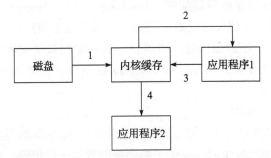

图 7-2　未使用 "SendFile" 技术的应用程序之间的数据传输过程

整个数据传输过程中，同一份数据在内核与应用程序之间多次拷贝，传输效率低下。应用 "SendFile" 技术之后取消了内核与应用程序缓存之前的传输，数据从磁盘读取出来后直接从内核缓冲区发送到 NIC 缓冲区，大大简化了数据传输流程，提高数据传输效率，为 Kafka 高吞吐的实现提供了高效的数据传输保障。优化之后的数据传输流程如图 7-3 所示。

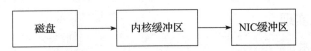

图 7-3　使用 "SendFile" 技术后应用程序之间的数据传输过程

4. 多分区

Kafka 将一个主题数据分成多个分区存储，每一个分区对应 Consumer 的一个处理线程，理论上讲，分区越多 Consumer 的并发处理能力越强，但是随着分区的不断增长，Consumer 启动的线程数也会越来越多，线程的启动需要占用一部分资源，过多的分区可能不会提高性能，反而会增加系统负担降低性能。分区数量的选择要根据具体使用场景，需要经过多次测试，设置合理的分区数，提高系统性能。

5. 客户端优化

（1）ACK 机制

Kafka 在 0.8 版本以后提供 Producer 端 ack 机制，设置 Producer 发送消息到 Borker 是否等待接收 Broker 返回成功送达的信号。0 表示 Producer 发送消息到 Broker 之后不需要等待 Broker 返回成功送达的信号，这种方式吞吐量高，但是存在数据丢失的风险，"retries" 配置的发送消息失败重试次数将失效。1 表示 Broker 接收到消息成功写入本地 log 文件后向 Producer 返回成功接收的信号，不需要等待所有的 Follower 全部同步完消息后再作回应，这种方式在数据丢失风险和吞吐量之间做了平衡。all（或者 -1）表示 Broker 接收到 Producer 的消息成功写入本地 log 并且等待所有的 Follower 成功写入本地 log 后向 Producer 返回成功接收的信号，这种方式能够保证消息不丢失，但是性能最差。应根据使用场景灵活选取 ack 方式。

（2）批量发送

Kafka Producer 发送消息时通过配置"batch.size"和"timeout.ms"两个配置项，分别设置批量发送消息数量和等待发送延迟时间来启动批量发送消息功能，Kafka Producer 在等待发送期间会在内存中不断积累消息，当消息达到一定的数量或者等待时间到达时，批量将消息发送到 Kafka。批量发送策略降低了 Producer 端发送消息的网络 IO 次数，有效提高 Producer 发送消息的效率。

（3）端到端批量数据压缩

当有大批量的数据需要写入 Kafka 时，可能影响性能下降的因素不是内存、CPU、磁盘等，可能瓶颈是网络带宽。Kafka 提供了端到端的数据压缩传输，在 Producer 端通过设置"compression.type"指定发送消息的压缩格式就可以轻松实现。这对于带宽资源有限，跨机房，跨数据中心的消息传输尤为重要。写入 Kafka 的批量压缩数据不会在 Kafka 中解压缩，而是以压缩状态存储，由 Consumer 解压缩处理。虽然 Consumer 端解压缩处理过程增加了 CPU 的开销，但是对于在网络带宽性能瓶颈的场景下，能够有效提高 Kafka 吞吐量。目前已经支持的压缩格式有 GZIP，Snappy 和 LZ4。

7.1.3 高可用的实现

1. 多分区多副本

Kafka 中的 Topic 采用分区存储数据，一般分区数要多于 Broker 数，从而保证各分区 Leader 能够均匀地分布到各个 Broker 节点。每个分区可以配置多个副本，副本数包含分区本身。多个副本中会选举一个 Leader 对外提供服务，其他副本只是与 Leader 保持心跳同步数据，同步数据的顺序与 Leader 保持一致，顺序存储。当 Leader 失败不能提供服务后，Kafka 会从其他存活的副本中重新选取 Leader 继续提供服务。虽然为分区添加副本可能对吞吐性能会有一些影响，但是保证了系统的稳定性，提高了系统的容错能力。

2. Leader 选举

（1）Controller 选举

Kafka 会从 Broker 中选取一个作为 Controller，Controller 在整个 Kafka 集群中只有一个，作为全局的 Leader 负责整个集群的管理，包括 Topic 分区管理、Broker 管理、Topic 的操作等。Kafka 为 Controller 提供了优雅、高效的容错机制。当启动 Kafka 的时候，各个 Broker 都会争相向 Zookeeper 创建"controller"znode，该 znode 只会由一个 Broker 创建成功，创建成功的 Broker 被选举为 Controller，竞选失败未成为 Controller 的 Broker 会在"controller"znode 上创建监听。当 Broker 宕机或者其他原因导致 Broker 运行失败，"controller"znode 会被删除，其他监听的 Broker 继续按照上面描述的步骤竞选 Leader。Kafka 提供的这种 Controller

竞选方式简洁、高效，而且能够容忍更多的 Broker 失败，只要有一个 Broker 存活都可以竞选成功成为 Controller。

（2）分区 Leader 选举

如果创建 Topic 设置了多个分区，则 Controller 负责分区 Leader 选举，初始化创建时，第一个分区采用随机分配 Broker 的方式，第一个被分配的分区则为 Leader。当 Topic 完全创建成功之后，Controller 会一直监控各个 Broker 以及各个分区的状态。Kafka 在 Zookeeper 中动态维护了一个目前存活的 Follower 副本的集合（in-sync replicas）ISR，如果 Follower 副本长时间没有与 Leader 进行心跳连接或者 Follower 副本同步的消息严重落后 Leader 中存储的消息，该 Follower 副本将会被从 ISR 中移除，这个超时时间由 replica.lag.time.max.ms 参数设置。一旦某个分区的 Leader 出现异常运行失败，Controller 将会从 ISR 中选择一个与之前 Leader 数据同步一致的副本作为新的 Leader。

还有一种特殊情况，全部副本都运行失败，在 ISR 中没有存活的副本，此时选择 Leader 有两种情况，第一种是等待 ISR 集合中的任何一个副本恢复之后作为 Leader，这样的优点是重新恢复的副本与原来 Leader 数据一致，不会造成丢数据的风险，缺点是如果 ISR 中的副本没有一个能够再次恢复启动，则整个系统不可用。第二种选择是不管是 ISR 中的副本还是从 ISP 中已经移除淘汰的副本，只要有一个副本启动起来就把该副本作为 Leader，这样做的优点是增大了系统能够再次恢复服务的可能，缺点是如果先恢复的是之前被淘汰的副本，可能与之前 Leader 数据不同步，造成数据丢失。这就需要在一致性和可用性之间做一个平衡，达到一个比较满意的效果。

综合上述几点关于 Kafka 的分区副本设计，Controller Leader 选举策略，分区副本 Leader 选举策略等，提高了 Kafka 的容错能力，为 Kafka 的高可用实现提供了有力的支持。

7.2　安装部署

7.2.1　Broker 配置参数

broker.id：broker 的唯一标识，不同 broker 的值必须不能相同。

host.name：绑定的主机名称或 IP。

port：监听端口。

auto.create.topics.enable：是否自动创建 Topic，默认值 true。

auto.leader.rebalance.enable：是否启动 Leader 自动平衡，如果设置为 true，将会有一个后台线程定期检查是否需要触发 leader 平衡操作，默认值为 true。

leader.imbalance.check.interval.seconds：检查分区是否平衡的时间间隔，默认值 300 秒。

leader.imbalance.per.broker.percentage：每个 broker 允许的不平衡 Leader 的百分比，超过该值则会触发 Leader 重新平衡，默认值为 10。

compression.type：设置 Topic 压缩格式，目前支持 gzip、snappy、lz4 压缩格式。

background.threads：后台处理任务线程数，默认值为 8。

delete.topic.enable：是否启动删除主题功能，如果设置为 true 开启该功能，则使用 Kafka 管理工具就可以删除主题。默认值为 false。

log.dir：日志数据保存目录。默认值为 /tmp/kafka-logs。

log.dirs：日志数据保存目录，如果没有设置则使用 log.dir 设置的存储路径。

log.retention.bytes：每个分区最大文件大小。

log.retention.hours：数据保存时长，超时文件会被删除，默认值为 168 小时。

socket.send.buffer.bytes：Socket 发送缓冲区大小，默认值为 102400。

socket.receive.buffer.bytes：Socket 接收缓冲区大小，默认值为 102400。

socket.request.max.bytes：Socket 最大请求大小，默认值为 104857600。

zookeeper.connection.timeout.ms：客户端与 zookeeper 连接的超时时间。如果未设置，则使用 zookeeper.session.timeout.ms 中的值。

zookeeper.session.timeout.ms：Zookeeper 最大超时时间，默认值为 6000 毫秒。

log.segment.bytes：Segment 文件大小，默认值为 1G。

replica.fetch.wait.max.ms：副本 Follower 与 leader 之间通信同步消息的超时时间，默认值为 500 毫秒。

replica.lag.time.max.ms：如果 Folloer 没有向 Leader 发送同步消息请求的时间或者 Follower 一直没有同步到 Leader 最后一条消息的时间超过了该配置项设置的时间，则该 Follower 将会被移除出 ISR，默认值为 10000 毫秒。

7.2.2 分布式部署

Kafka 分布式部署到三台机器，分别是 192.168.1.1，192.168.1.2，192.168.1.3，监听端口 9092。开启 JMX 监控，监听端口为 9997。

下载 Kafka 安装包

下载地址：http://kafka.apache.org/downloads，选择安装的 Kafka 版本。

```
wget https://www.apache.org/dyn/closer.cgi?path=/kafka/0.9.0.1/kafka_2.10-0.9.0.1.tgz
```

解压安装

```
tar -xzf kafka_2.10-0.9.0.1.tgz
cd kafka_2.10-0.9.0.1
```

修改 Broker 配置文件

```
vim config/ server.properties
broker.id=0
port=9092
host.name=192.168.1.1
```

```
num.network.threads=3
num.io.threads=8
socket.send.buffer.bytes=102400
socket.receive.buffer.bytes=102400
socket.request.max.bytes=104857600
log.dirs=/data/kafka/data_log
num.partitions=3
num.recovery.threads.per.data.dir=1
log.retention.hours=168
log.segment.bytes=536870912
log.retention.check.interval.ms=300000
zookeeper.connect=192.168.1.1:2181, 192.168.1.2:2181, 192.168.1.3:2181
zookeeper.connection.timeout.ms=6000
```

修改其他两台机器的 Kafka 配置文件中的"broker.id""host.name"两个配置项即可。

启动 Kafka：

```
JMX_PORT=9997bin/kafka-server-start.sh config/server.properties&
```

连接测试，创建主题 ad_topic_test，3 个分区，2 个副本：

```
bin/kafka-topics.sh --create --zookeeper 192.168.1.1:2181, 192.168.1.2:2181
, 192.168.1.3:2181  --replication-factor 2--partitions3--topic ad_topic_test
```

通过 list 命令查看 ad_topic_test 是否创建成功：

```
bin/kafka-topics.sh --list --zookeeper 192.168.1.1:2181, 192.168.1.2:2181
```

通过 --describe 命令查看 --topic ad_topic_test 信息：

```
bin/kafka-topics.sh --describe --zookeeper 192.168.1.1:2181, 192.168.1.2:2181
--topic ad_topic_test
```

显示信息如下图所示：

```
Topic: ad_topic_test    PartitionCount: 3    ReplicationFactor: 2   Configs:
Topic: ad_topic_test    Partition: 0    Leader: 0    Replicas: 0,1    Isr: 0,1
Topic: ad_topic_test    Partition: 1    Leader: 1    Replicas: 1,2    Isr: 1,2
Topic: ad_topic_test    Partition: 2    Leader: 2    Replicas: 2,0    Isr: 2,0
```

显示信息说明：topic 名称为 ad_topic_test，3 个分区，2 个副本，partition0 的 leader 是 broker0，副本分布在 broker0 和 broker1，ISR 集合包含 broker0 和 broker1，说明 Leader 与 Follower 消息同步一致。其他分区以此类推。

7.3　客户端 API

Kafka 提供了高效稳定的客户端 API，经过几个版本的不断优化，性能不断提高，下面分别介绍 Producer 和 Consumer 开发 API 如何使用，本节演示的 Java Client API 使用 kafka0.9 版本。

7.3.1 Producer API

1. 配置参数介绍

bootstrap.servers：Broker 列表，定义格式 host:port，多个 Broker 之间用逗号隔开，可以配置一个也可以配置多个，用于 Producer 发现集群中的 Broker，建议配置多个，防止当前 Broker 出现问题连接失败。

key.serializer：key 反序列化方式，常用的字符串反序列化方式。

```
org.apache.kafka.common.serialization.StringSerializervalue.serializer
```

value.serializer：value 反序列化方式，常用的字符串反序列化方式。

```
org.apache.kafka.common.serialization.StringSerializer
```

acks：设置 Producer 发送消息到 Borker 是否等待接收 Broker 返回成功送达信号。0 表示 Producer 发送消息到 Broker 之后不需要等待 Broker 返回成功送达的信号，这种方式吞吐量高，但是存在数据丢失的风险，"retries" 配置的发送消息失败重试次数将失效。1 表示 Broker 接收到消息成功写入本地 log 文件后向 Producer 返回成功接收的信号，不需要等待所有的 Follower 全部同步完消息后再作回应，这种方式在数据丢失风险和吞吐量之间做了平衡。all（或者 −1）表示 Broker 接收到 Producer 的消息成功写入本地 log 并且等待所有的 Follower 成功写入本地 log 后向 Producer 返回成功接收的信号，这种方式能够保证消息不丢失，但是性能最差。默认值为 1。

buffer.memory：Producer 缓冲区大小，如果消息产生的速度比发送到 Broker 的速度快，则未发送出去的消息会被保存到缓冲区，默认值为 33554432 字节（32M）。

block.on.buffer.full：设置为 true 缓冲区用完后停止接收新的消息，设置为 false 则抛出 BufferExhaustedException 异常信息，默认值为 false。

compression.type：压缩格式，可选压缩格式有 none、gzip、snappy、lz4，默认值 none。

retries：发送消息失败重试次数，默认值为 0。

batch.size：Producer 批量发送消息到同一个分区的大小，向同一分区批量发送消息能够减少客户端的请求次数从而提高性能，但是过大的批处理大小反而会降低性能，一定要多次测试之后选取一个合适的值，默认值为 16384 字节（16KB）。

linger.ms：延迟发送消息时间，起到降低负载，减少发送请求次数的作用，如果设置的值大于 0 则消息不会被立即发送出去而是等待发送到一个分区的消息量到达 batch.size 设置的值，如果在延迟时间内达到 batch.size 设置的批处理值则直接发送出去，如果在延迟时间内没有达到 batch.size 设置的批处理值，则等待消息累加，哪个值先到达都会触发发送消息。默认值为 0（单位：毫秒）。

max.request.size：单次请求包含的消息最大大小，用于限制 Producer 在单次请求中批量发送的消息大小，避免发送大量的请求。默认值为 1048576 字节（1M）。

partitioner.class：可以自定义分区策略，默认情况下按照键值 hash 的策略分区。

request.timeout.ms：客户端等待请求响应的超时时间，如果在超时时间之前没有收到响应，客户端重新发送请求，如果重试次数耗尽，则请求失败，默认值为 30000 毫秒（30 秒）。

timeout.ms：等待 Broker 确认成功接收消息的超时时间，如果 acks 设置为 0，则此参数无效，该参数设置从服务端开始计时不包括请求的网络延迟，默认值为 30000 毫秒（30 秒）。

2. 代码演示

```
Properties props = new Properties();
props.put("bootstrap.servers", "192.168.1.1:9092, 192.168.1.2:9092,
192.168.1.3:9092");
props.put("acks", "1");
props.put("retries", 3);
props.put("batch.size", 16384);
props.put("buffer.memory", 33554432);
props.put("key.serializer", "org.apache.kafka.common.serialization.StringSerializer");
props.put("value.serializer", "org.apache.kafka.common.serialization.StringSerializer");
Producer<String, String> producer = new KafkaProducer<>(props);
for(int i = 0; i < 100; i++){
    String key = "key_" + Integer.toString(i);
    String value = "value_" + Integer.toString(i);
    producer.send(new ProducerRecord<String, String>(" topic_test ",
    key, value));
}
producer.close();
```

了解更多细节请参考官方文档：

http://kafka.apache.org/090/javadoc/index.html?org/apache/kafka/clients/producer/KafkaProducer.html

7.3.2　Consumer API

1. 配置参数介绍

bootstrap.servers：Broker 列表，定义格式 host:port，多个 Broker 之间用逗号隔开，可以配置一个也可以配置多个，用于 Producer 发现集群中的 Broker，建议配置多个，防止当前 Broker 出现问题连接失败。

key.serializer：key 反序列化方式，常用的字符串反序列化方式。

```
org.apache.kafka.common.serialization.StringSerializervalue.serializer
```

value.serializer：value 反序列化方式，常用的字符串反序列化方式。

```
org.apache.kafka.common.serialization.StringSerializer
```

fetch.min.bytes：Consumer 单次拉取请求服务器返回的最小数据量。如果服务端能够返回的数据量不足，将等待数据积累到最小值或者服务端等待的时间到达超时时间。如果该值大于 1 字节将导致服务器等待大量数据累积，以额外时间延迟为代价提高服务器吞吐量。默认值为 1 字节。

group.id：Consumer 组 id，该值应该是连接 kafka 集群的唯一值，同一组内可以有多个 Consumer。

heartbeat.interval.ms：Consumer 与 kafka 集群保持心跳的时间间隔，kafka 通过心跳机制来判断 Consumer 是否存活和新 Consumer 的加入，动态地对 Consumer 进行平衡调整。通常该值设置地要低于 session.timeout.ms 值的三分之一，设置的值越小越能够使 kafka 更快速地对 Consumer 进行再平衡，默认值为 3000 毫秒。

max.partition.fetch.bytes：Consumer 要求每个分区返回的最大数据量，每次请求需要使用的最大内存等于 partitions × max.partition.fetch.bytes。该值至少等于 Broker 设置的 max.request.size 值的大小，否则 Producer 可能发送大于 Consumer 一次请求可拉取的消息，如果发生这种情况，Consumer 将会卡住并尝试去特定的分区上拉取这个超过可拉取大小的消息。默认值 1048576 字节（1M）。

session.timeout.ms：Kafka 组管理检测故障的超时时间，默认值为 30000 毫秒（30 秒）。

auto.offset.reset：当 Kafka 中没有 Consumer 消费的初始偏移量或者当前偏移量在 Kafka 中不存在（比如数据已经被删除）情况下 Consumer 从 Kafka 拉取消息的方式。earliest 表示从最早的偏移量开始拉取，latest 表示从最新的偏移量开始拉取，none 表示如果没有发现该 Consumer 组之前拉取的偏移量则抛出异常。默认值为 latest。

connections.max.idle.ms：关闭空闲连接最大等待时长，默认值 540000 毫秒（9 分钟）。

enable.auto.commit：Consumer 是否自动提交偏移量，默认值为 true。

auto.commit.interval.ms：如果 enable.auto.commit 设置为 true 自动提交的时间间隔，默认值为 5000 毫秒（5 秒）。

2. 代码演示

（1）自动提交偏移量

```
// 初始化参数设置
Properties props = new Properties();
props.put("bootstrap.servers", "192.168.1.1:9092, 192.168.1.2:9092, 192.168.1.3:9092");
props.put("group.id", "autotest");
props.put("enable.auto.commit", "true");
// 默认 latest 表示从最近一次消费的偏移量开始消费，可选值 earliest，表示从开始消费最早的偏移量开始
props.put("auto.offset.reset", "latest");
// 自动提交 offset 的时间间隔
props.put("auto.commit.interval.ms", "1000");
props.put("session.timeout.ms", "30000");
// key 反序列化方式
props.put("key.deserializer", "org.apache.kafka.common.serialization.StringDeserializer");
```

```
//value 反序列化方式
props.put("value.deserializer", "org.apache.kafka.common.serialization.
StringDeserializer");
KafkaConsumer<String, String> consumer = new KafkaConsumer<>(props);
//配置消费的主题名称，同时消费多个主题用逗号隔开。
consumer.subscribe(Arrays.asList("topic_test"));
while (true) {
    ConsumerRecords<String, String> records = consumer.poll(100);
    for (ConsumerRecord<String, String> record : records) {
        System.out.println("partition->" + record.partition() + ";offset->" + record.offset()
        + ";key->" + record.key() + ";value->" +  record.value());
    }
}
```

enable.auto.commit 设置为 true 表示 consumer 消费的偏移量自动提交，交给 kafka 维护。auto.commit.interval.ms 为提交偏移量的时间间隔，单位：毫秒。

session.timeout.ms 是 consumer 与 kafka 集群维持心跳的超时时间，当 consumer 连接 kafka 的心跳超过超时时间，该 consumer 进程消费的 partition 将交给同一组内的其他 consumer 进程消费。

bootstrap.servers：broker 列表，可以配置一个也可以配置多个，consumer 客户端通过 borker 列表连接 kafka 集群进而发现集群中的其他 broker，建议配置多个，配置一个 borker 有可能出现该 broker 不可用而无法连接集群。broker 通过心跳机制自动检测一个 consumer 组内失败的进程，consumer 也会周期性通过心跳机制与集群通信，让集群知道它是存活的，如果 consumer 的心跳间隔时间超过 session.timeout.ms 设置的超时时间则进群认为该 consumer 进程已经死掉，会让该 consumer 进程消费的分区交给同一组内的其他 consumer 消费。

（2）手动提交偏移量

consumer 消费的偏移量依然存储在 kafka 中，但是不再自动提交偏移量，采用手动提交的方式。有这样一种常用的场景，当 consumer 拉取完一批消息，需要对消息进行处理然后写入到中心存储，比如数据库中，如果使用自动提交偏移量，在写入数据库之前已经达到了 auto.commit.interval.ms 设置的时间间隔自动提交偏移量，如果写入数据库失败则会造成数据处理失败，按道理应该重新从 kafka 中拉取未被成功处理的消息，但是已经提交了消息的偏移量，该 consumer 不能再自动拉取到需要被处理的消息。如果使用手动提交的方式，只有当被处理过的消息成功写入数据库之后才提交偏移量，如果消息写入数据库失败则不提交偏移量，等待下次拉取消息将未被成功处理的消息重新处理，这使我们可以精确控制消息何时被视为已消耗。手动提交偏移量的方式也会有一种可能的场景，进程可能在插入数据库之后但在提交偏移量操作之前的间隔中失败（即使这可能只是几毫秒，这是一种可能性）。在这种情况下，consumer 重新拉取到的消息会包含已经写入数据库的消息，这样就会造成部分被处理过的消息重新处理。Kafka 提供"至少一次"被消费的机制，每个消息可能被传递一次，但在失败的情况下可以重传。解决这种重复消费的问题可以将消息的分区信息、偏移量同处理之后的消息同时写入数据库，这样就能保证同一条消息不被重复写入数据库，从而达到一条消息"只被处理一次"的效果。

```java
Properties props = new Properties();
props.put("bootstrap.servers", "192.168.1.1:9092,192.168.1.1:9093,192.168.1.1:9094");
props.put("group.id", "manualtest");
// 关闭自动提交偏移量
props.put("enable.auto.commit", "false");
props.put("auto.offset.reset", "latest");
props.put("session.timeout.ms", "30000");
props.put("key.deserializer", "org.apache.kafka.common.serialization.StringDeserializer");
props.put("value.deserializer", "org.apache.kafka.common.serialization.
StringDeserializer");
    KafkaConsumer<String, String> consumer = new KafkaConsumer<>(props);
    consumer.subscribe(Arrays.asList("topic_test "));
    final int minBatchSize = 5;
    List<ConsumerRecord<String, String>> buffer = new ArrayList<>();
    while (true) {
        System.out.println("-------------- 开始轮询拉取消息 ---------------" );
        long starttime = System.currentTimeMillis();
        // 没有可以拉取的消息等待的超时时间，如果已到超时时间还没有可以拉取的消息则进行下一轮拉取，
        // 单位：毫秒。
    ConsumerRecords<String, String> records = consumer.poll(10000);
    long endtime = System.currentTimeMillis();
    long tm = (endtime - starttime) / 1000;
    System.out.println("-------------- 结束轮询拉取消息，耗时:" + tm + " 秒 ----------");
    for (ConsumerRecord<String, String> record : records) {
        // 不同 partition 中的 offset 可能相同
        System.out.println("partition->" + record.partition() + ";offset->" + record.
offset() + ";key->" + record.key() + ";value->" + record.value());
        buffer.add(record);
    }
    System.out.println("--------------buffer size--------------" + buffer.size());
    if (buffer.size() >= minBatchSize) {
        try {
            System.out.println("-------------- 写入数据库开始 ----------------");
            // 比如这里将数据写入数据库睡眠 3 秒，可以在睡眠时间未到前将程序关闭，
            // 模拟在写数据库阶段如果失败 kafka 如何处理 consumer 消费消息的偏移量。
            Thread.sleep(3000);
            System.out.println("-------------- 写入数据库完成 ----------------");
        } catch (InterruptedException e) {
            e.printStackTrace();
        }
        // 提交偏移量
        consumer.commitSync();
        System.out.println("-------------- 提交偏移量完成 ----------------");
        buffer.clear();
    }
```

了解更多细节请参考官方文档：

http://kafka.apache.org/090/javadoc/index.html?org/apache/kafka/clients/consumer/
KafkaConsumer.html

7.4　小结

Kafka 凭借着优秀的架构设计和丰富的开发接口在众多发布订阅消息系统中脱颖而出，并且被广泛使用。Kafka 社区也在不断的优化和改进，在后续的版本中还会一直有更加优秀的功能加入进来。希望通过本章 Kafka 的实现原理介绍和 API 开发实践对大家理解和使用 kafka 有所帮助。

第三部分 *Part 3*

项目实践

第 8 章

数据平台

8.1 需求分析

随着互联网不断发展，公司国际化进程不断加速，各领域各业务线不断延伸，团队不断扩大，依靠传统的管理方式已经很难适应不断变化的市场需求，需要依托海量的数据和科学的数据分析支撑各业务线的发展。科学、有效、多角度、全方位的数据分析能够为决策者提供权威的数据参考标准，为运营团队提供准确的分析指标作为参考指导，为用户提供更加优质的服务和更好的产品。

传统报表的开发方式是运营人员或者决策者提出报表需求，产品经理根据需求制定具体的报表可视化方案，数据分析工程师根据需求开发报表数据，前端开发工程师根据报表可视化方案开发页面，最终测试交付报表。整个报表开发流程复杂、涉及人员较多、开发周期长，最主要的问题是维度和统计项固定，只能从一个角度分析数据。

数据平台的产生是为了解决传统报表开发过程中的问题，为运营人员、公司决策者、数据分析工程师等提供有效、准确的数据分析服务。数据平台提供的数据分析服务有常规报表、个性化定制、数据质量管理以及权限管理，其中个性化定制提供多维分析查询、个性化定制报表、报表管理等功能。

日常固定维度、统计项的数据分析结果采用常规报表的方式展现。非固定维度、统计项的数据分析采用多维分析和自定义报表的方式展现，如果是常用分析需求，自定义的报表可以发布为常规报表（具有常规报表权限的用户都可以查看）或者我的报表（只有自己有权限查看），用户对自己定制的报表具有修改、删除的权限，所有定制报表具有权限控制和监控预警功能。超级管理员可以管理所有用户和数据的权限。

需求分析主要功能描述如下：

1. 常规报表

具有常规报表访问权限的用户都可以查看。常规报表展现的是固定维度分析数据，报表类型有天报表、周报表、月报表、季度报表、年报表等。

2. 个性化定制

个性化定制包含定制报表、报表管理、多维分析查询三个主要功能模块。

- ❑ 定制报表：选择不同的主题（数据源）将需要组合在一起分析的维度、统计项和查询条件分别拖拽到对应的选择区域，如果需要分析结果以图形化展示，在可视化图形区域选择图形类型（折线图、饼图、柱状图、散点图等），选择完成后可以通过预览查看数据分析的结果是否满足要求，如果达到预期目的点击发布按钮，选择发布到"常规报表"或者"我的报表"。
- ❑ 报表管理：个性化定制报表的修改、删除。
- ❑ 多维分析查询：主要处理临时需求，不同维度、统计项、查询条件自由组合，从不同的角度分析数据，在分析数据的过程希望把某些组合分析条件定制为固定的报表，点击发布按钮发布为"我的报表"或者"常规报表"，方便以后从同一角度分析使用。

3. 数据质量管理

主要功能是对已发布的报表数据进行质量监控、预警，根据权限范围管理数据源。

4. 权限管理

如果具有管理员权限则具有管理同级以下的用户权限，添加用户、删除用户、管理用户角色。

8.2　功能实现

整体功能实现主要分为两大部分，数据可视化和后台服务管理，重点开发是后台服务管理部分，后台服务管理主要包含 ETL、数据摄取、查询 API 开发、平台管理、监控预警等。

8.2.1　架构设计

1. 数据平台架构组成

- ❑ LogServer：日志收集服务，负责收集线上各业务应用程序实时产生的日志，日志类型包含广告日志、系统日志、错误上报日志等。
- ❑ Kafka：分布式消息发布订阅系统，负责接收日志收集服务收集过来的各种类型日志数据，为后续的实时流数据处理、搜索服务、推荐系统、离线数据分析等产品提供数据支撑服务。
- ❑ Hadoop：数据持久化存储，离线计算任务，资源任务协调调度。

❑ Hive：数据仓库，提供离线数据分析。

❑ Druid：提供低延时多维度数据分析服务。

❑ MySQL：各系统元数据存储。

❑ Redis：维度表数据存储。

❑ RestAPI：通过 Rest 接口提供公用查询服务。

❑ WebUI：数据平台的数据可视化。

❑ MonitorSystem：负责监控各系统指标数据，保障系统稳定运行。

系统架构图如图 8-1 所示。

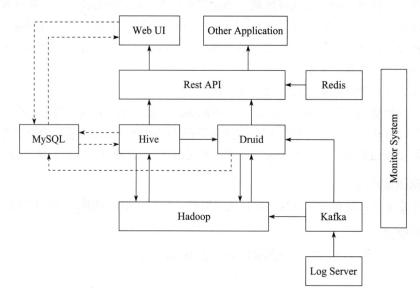

图 8-1　数据平台系统架构图

2. 执行过程

日志收集系统将原始日志写入到 Kafka，Kafka 中的日志数据会被三种数据处理应用程序订阅。

1）将原始日志写入 HDFS 压缩存储，用于历史数据回溯。

2）离线 ETL 之后写入到 Hive 仓库，用于离线数据分析。

3）实时流计算不断拉取数据消费，其中数据平台使用 Spark 进行实时 ETL 和数据分析，处理结果写入到 Kafka 作为 Druid 实时索引服务数据源。Hive 数据仓库表按天或者小时分区，通过离线数据分析为 Druid 离线批量加载数据服务提供数据源，通过重建索引对实时索引进行数据校正。

RestAPI 提供了公共的数据查询服务，解耦数据查询和数据服务，RestAPI 内部集成权限管理对数据安全做了进一步保障，为了降低 Druid 的索引存储压力，提高查询性能，将维度表数据存储到 Redis 中，当有查询结果返回时从 Redis 中匹配维度数据。数据平台前端应用通过 RestAPI 与 Druid 进行交互查询操作。

8.2.2 关键功能实现

1. 自动构建索引任务

自动构建索引任务通过读取配置信息自动完成批量加载数据索引任务。

关键代码如下：

```java
/**
 * 自动构建索引任务
 * @param url 索引服务访问地址
 * @param topicName 主题名称
 * @param segmentGranularity 索引粒度
 * @param intervals 索引时间间隔
 * @param hdfsPath 数据源 HDFS 路径
 * @param fileTyp 数据文件格式
 * @param delimiter 分隔符
 * @param dimensionStr 维度，多个维度用逗号隔开
 * @param metricStr 统计项，多个统计项用逗号隔开
 * @param timestampColumnName 时间戳字段名称
 */
public static void autoBuildDruidIndexTask(String url,String topicName
                ,String segmentGranularity, String intervals,String hdfsPath
                ,String file_type,String delimiter, String dimensionStr
                ,String metricStr,String timestampColumnName){
try {
        JSONObject resultParam = getIndexJSONObjectParams(url,topicName
                                ,segmentGranularity, intervals,hdfsPath
                                ,file_type,delimiter,dimensionStr, metricStr
                                ,timestampColumnName);
    if (resultParam != null) {
            String status = resultParam.getString("status");
            // 返回状态 200 表示成功
    if (status.equals("200")) {
JSONObject topicInfo = resultParam.getJSONObject("topicInfo");
                System.out.println(" 参数 ----------:" + topicInfo.toString());
                // 构建主题索引规则
                JSONObject indexRule = buildTopicIndexRule(topicInfo);
// 发送索引任务请求
ClientConfig cc = new DefaultClientConfig();
                Client client = Client.create(cc);
                // 返回状态为索引任务 id, 根据返回状态判断是否重新发送索引任务。
                String indexStatus = postRemote(client,url,indexRule.toString());
    } else {
                System.out.println("failed status:"+ status);
        }
        }else{
        System.out.println("resultParam is null");
```

```
            }
        }catch(JSONException e){
            e.printStackTrace();
        }
}
```

2. 自动构建索引规则

根据 topic 配置信息构建批量加载规则。关键代码如下：

```
/**
 * @param topicInfo
 * @return
 * @throws JSONException
 */
public static JSONObject buildTopicIndexRule(JSONObject topicInfo) throws JSONException{
    JSONObject indexRule = new JSONObject();
    // 设置加载数据类型为 hadoop
    indexRule.put("type","index_hadoop");
    JSONObject dataSchema = new JSONObject();
    JSONObject spec = new JSONObject();
    String topicName = topicInfo.getString("topicName");
    dataSchema.put("dataSource",topicName);

// 解析规则
JSONObject parser = new JSONObject();
    parser.put("type","hadoopyString");

    JSONObject parseSpec = new JSONObject();
    parseSpec.put("format",topicInfo.getString("fileType"));
if(topicInfo.getString("fileType").equals("tsv")){
        parseSpec.put("delimiter",topicInfo.getString("delimiter"));
    }
    // 时间戳规则
    JSONObject timestampSpec = new JSONObject();
    String timestamp  = topicInfo.getString("timestamp");
    timestampSpec.put("column",timestamp);
    timestampSpec.put("format","auto");

    JSONArray columns = topicInfo.getJSONArray("columns");
// 维度规则
    JSONObject dimensionsSpec = new JSONObject();
    JSONArray dimensions = topicInfo.getJSONArray("dimensions");
dimensionsSpec.put("dimensions",dimensions);

    parseSpec.put("timestampSpec",timestampSpec);
    parseSpec.put("columns",columns);
    parseSpec.put("dimensionsSpec",dimensionsSpec);
    parser.put("parseSpec",parseSpec);

// 添加解析规则
```

```
dataSchema.put("parser",parser);

// 统计项规则
JSONArray metrics = topicInfo.getJSONArray("metrics");
JSONArray metricsArray = new JSONArray();
if(metrics != null){
if(metrics.length() > 0){
                // 默认 count 统计项
                JSONObject count = new JSONObject();
                count.put("type","count");
                count.put("name","count");
                metricsArray.put(count);
for(int i=0;i<metrics.length();i++){
                    String m = metrics.getString(i);
                    JSONObject mt = new JSONObject();
                    mt.put("type","longSum");
                    mt.put("name",m);
                    mt.put("fieldName",m);
                    metricsArray.put(mt);
                }
        }else{
            JSONObject count = new JSONObject();
            count.put("type","count");
            count.put("name","count");
            metricsArray.put(count);
        }
    }else{
        JSONObject count = new JSONObject();
        count.put("type","count");
        count.put("name","count");
        metricsArray.put(count);
    }

// 添加统计项规则
dataSchema.put("metricsSpec",metricsArray);
// 粒度规则
JSONObject granularitySpec = new JSONObject();
    granularitySpec.put("type","uniform");
    String segmentGranularity = topicInfo.getString("segmentGranularity");
    granularitySpec.put("segmentGranularity",segmentGranularity);
    granularitySpec.put("queryGranularity",segmentGranularity);
    // 索引时间间隔
    JSONArray intervals = new JSONArray();
    intervals.put(topicInfo.getString("intervals"));
    granularitySpec.put("intervals",intervals);
// 添加粒度规则
dataSchema.put("granularitySpec",granularitySpec);
// 添加 schema 规则
spec.put("dataSchema",dataSchema);
    // 数据源 HDFS 路径
```

```java
    JSONObject inputSpec = new JSONObject();
    inputSpec.put("type","static");
    String hdfs_paths = topicInfo.getString("hdfs_paths") + "/*";
    inputSpec.put("paths",hdfs_paths);
    JSONObject ioConfig = new JSONObject();
    ioConfig.put("type","hadoop");
    ioConfig.put("inputSpec",inputSpec);

// 添加数据源路径
spec.put("ioConfig",ioConfig);

    JSONObject tuningConfig = new JSONObject();
// hadoop 任务优化参数
JSONObject jobProperties = new JSONObject();
    jobProperties.put("mapreduce.map.java.opts","-Duser.timezone=UTC
                        -Dfile.encoding=UTF-8 -Xmx5120m");
    jobProperties.put("mapreduce.reduce.java.opts","-Duser.timezone=UTC
                        -Dfile.encoding=UTF-8 -Xmx5120m");
jobProperties.put("mapreduce.input.fileinputformat.split.maxsize","200000000");
    jobProperties.put("mapreduce.reduce.memory.mb","8192");
    jobProperties.put("mapreduce.map.memory.mb","8192");
    jobProperties.put("yarn.nodemanager.vmem-pmem-ratio","16");
    jobProperties.put("yarn.nodemanager.pmem-check-enabled","false");

// druid 优化参数
JSONObject partitionsSpec = new JSONObject();

    // 采用哈希分区策略
    partitionsSpec.put("type","hashed");

    // 每个 segment 的大小控制在 500MB 到 1G 之间。
    partitionsSpec.put("targetPartitionSize","4000000");
    tuningConfig.put("type","hadoop");
    tuningConfig.put("jobProperties",jobProperties);
    tuningConfig.put("partitionsSpec",partitionsSpec);

    // 是否使用新的后台线程去完成持久化，使用此功能会使内存压力和 CPU 使用
    // 率显著增长，但是会使任务更快速完成，如果修改默认值，推荐设置为 1（默认值：0）。
tuningConfig.put("numBackgroundPersistThreads",1);

    // MapReduce 任务在 map 阶段合并行（默认值：false）。
tuningConfig.put("useCombiner","true");

    // 会覆盖已存在的索引，如果设置为 false，则回溯历史数据时历史索引不会更新。
    tuningConfig.put("overwriteFiles","true");
spec.put("tuningConfig",tuningConfig);
    indexRule.put("spec",spec);
    JSONArray hadoopVersion = new JSONArray();
    // 设置 Hadoop 版本
    hadoopVersion.put("org.apache.hadoop:hadoop-client:2.6.0");
```

```
        indexRule.put("hadoopDependencyCoordinates",hadoopVersion);
return indexRule;
}
```

使用 Hadoop 批量加载数据的问题和解决办法：

1）修改 Druid 日志配置文件，具体如下：

```
vim conf/druid/_common/log4j2.xml
<?xml version="1.0" encoding="UTF-8" ?>
# 关闭 Hook，否则报错 Unable to register shutdown hook because JVM is shutting down
<Configuration status="WARN" shutdownHook="disable">
<Appenders>
<Console name="Console" target="SYSTEM_OUT">
<PatternLayout pattern="%d{ISO8601} %p [%t] %c - %m%n"/>
</Console>
</Appenders>
<Loggers>
# 日志级别改成 error，默认 info
<Root level="error">
<AppenderRef ref="Console"/>
</Root>
</Loggers>
</Configuration>
```

2）时区问题引起离线加载数据报错，报错信息如下：

```
Caused by: java.lang.RuntimeException: java.lang.RuntimeException: No buckets??
seems there is no data to index.
        at io.druid.indexer.IndexGeneratorJob.run(IndexGeneratorJob.java:211) ~[druid-
indexing-hadoop-0.8.3.jar:0.8.3]
        at io.druid.indexer.JobHelper.runJobs(JobHelper.java:321) ~[druid-indexing-
hadoop-0.8.3.jar:0.8.3]
        at io.druid.lndexer.HadoopDruidIndexer3ob.run(HadoopDruidIndexerJob.java:96)
~[druid-indexing-hadoop-0.8.3.jar:0.8.3]
        at io.druid.indexing.common.task.HadoopIndexTask$HadoopIndexGeneratorInnerPr
ocessing.runTask(HadoopIndexTnsk.java:259) ~[druid-indexing-service-0.8.3.jar:0.8.3]
        at sun.reflect.NativeMethodAccessorImp1.invoke0(Native Method) ~[?:1.8.0_51]
        at sun.reflect.NativeMethodAccessorImp1.invoke(NativeMethodAccessorImp1.java:62)
~[?:1.8.0_51]
        at sun.reflect.DelegatingMethodAccessorImp1.invoke(DelegatingMethodAccessor
Imp1.java:43) ~[?:1.8.0_51]
        at java.lang.reflect.Method.invoke)Method.java:497) ~[?:1.8.0_51]
        at io.druid.indexing.common.task.HadoopTask.invokeForeignLoader(HadoopTask.java:135)
~[druld-indexing-service-0.8.3.jar:0.8.3]
        ... 7 more
Caused by: java.lang.RuntimeException: No buckets??  seems there is no dara to index.
        at io.druid.indexer.IndexGeneratorJob.run(IndexGeneratorJob.java:160) ~[druid-
indexing
```

原因：Hadoop 执行 mapreduce 任务的时区和 druid 不是同一个时区。

解决方法：在创建索引任务的加载规则中设置 MapReduce 任务使用的时区。

```
"tuningConfig" : {
    "type": "hadoop",
    "jobProperties": {
        "mapreduce.map.java.opts":"-Duser.timezone=UTC -Dfile.encoding=UTF-8",
        "mapreduce.reduce.java.opts":"-Duser.timezone=UTC -Dfile.encoding=UTF-8"
    }
```

3）索引申请内存超过物理内存，虚拟内存超过限制值，报错信息如下：

```
Container [pid=23077,containerID=container_1450319389800_2716145_01_000007]
is running beyond physical memory limits. Current usage: 2.2 GB of 2 GB physical
memory used; 31.7 GB of 3.6 GB virtual memory used. Killing container.
```

原因：索引任务启动的 container 试图使用的物理内存超过了环境设置的物理内存，同时虚拟内存也超过了环境设置的虚拟内存而被 NodeManager kill 掉。

解决方法：调高 mapreduce.map.memory.mb 和 mapreduce.reduce.memory.mb 的值，YARN 默认虚拟内存与物理内存的比率为 2.1，通过调高 " yarn.nodemanager.vmem-pmem-ratio" 的值提高虚拟内存的大小。

```
"mapreduce.map.java.opts":"-Xmx5120m",
"mapreduce.reduce.java.opts":"-Xmx5120m",
"mapreduce.input.fileinputformat.split.maxsize":"200000000",
"mapreduce.reduce.memory.mb": "8192",
"mapreduce.map.memory.mb":"8192",
"yarn.nodemanager.vmem-pmem-ratio":"16"
```

3. 查询规则

查询规则包含基础规则、过滤规则、聚合函数规则，commonQueryRule 函数作为规则构建入口函数，负责根据不同的配置信息整合查询规则。commonFilterRuleConfig 函数根据过滤条件生成过滤规则。postAggregatorDivRule 函数生成除法运算规则。basicRuleConfig 函数在 commonQueryRule 函数中调用，整合过滤规则、聚合函数规则、基础规则，返回最终的查询规则。下面分别介绍四个关键函数的具体实现。

```
/**
 * 常规查询规则入口函数
 * @param queryType：查询类型
 * @param datasource：数据源
 * @param intervals：查询时间范围
 * @param dimensions：查询维度，多个值用逗号隔开
 * @param commonMetrics：常规统计项
 * @param rateMetrics：非 uv 各种率统计项
 * @param whereParam：where 过滤条件
 * @return JSONObject
 */
public static JSONObject commonQueryRule(String queryType, String datasource
                        , String intervals, String dimensions
                        , JSONArray commonMetrics,JSONArray rateMetrics
```

```
                              , JSONObject whereParam, String reportType)
                    throws JSONException {
    JSONObject rule = null;
    /**************** 过滤条件配置 ****************/
    // 生成常规过滤条件
    JSONObject commonFilter = null;
    if(whereParam != null){
    commonFilter = FilterRuleConfig.commonExecFilterRuleConfig(whereParam);
    }
    /**************** 聚合计算规则 ****************/
    JSONArray aggregations = null;
    if(commonMetrics !=null && commonMetrics.length() > 0){
    aggregations = AggregatorRuleConfig.commonRuleConfig(commonMetrics);
    /**************** 基础配置 ****************/
    rule = basicRuleConfig(queryType,datasource , intervals, dimensions,
                        reportType,commonFilter ,aggregations);
    }
    JSONArray postAggregations = null;
    // 各种率的计算使用 postAggregation 聚合函数，如：点击率 click_rate = 点击量
    // click_cnt / 曝光量 pv_cnt
    if(rateMetrics !=null && rateMetrics.length() > 0){
        postAggregations=PostAggregatorRuleConfig.postAggregatorDivRule(rateMetrics);
    rule.put("postAggregations", postAggregations);
    }
    return rule;
}
/**
 * 过滤规则
 * @param whereParam：存储过滤条件的 json 对象
 * @return JSONArray
 * @throws JSONException
 */
public static JSONArray commonFilterRuleConfig(JSONObject whereParam) throws JSONException {
    JSONArray filters = new JSONArray();
    if(whereParam != null){
        Iterator it = whereParam.keys();
        while(it.hasNext()){
            JSONObject filter = new JSONObject();
            String key = (String) it.next();
            String value = whereParam.getString(key);
            // 一个维度过滤多个值使用 or，类似 a=1 or a=2 or a=3,
            if(value.contains(",")){
                String[] values = value.split(",");
                JSONArray fields = new JSONArray();
                for(int i=0;i<values.length;i++){
                    JSONObject item = new JSONObject();
                    // 个别过滤需要模糊匹配，类似 SQL 语句中的 like 语法，这里
                    // 使用 JavaScript Filter 实现
                    if(key.equals("areatag_id")){
                        item.put("type", "javascript");
```

```
                        item.put("dimension", key);
                        item.put("function", "function(x) {
                                return ((''+x).indexOf('"+values[i]+"')>-1) }");
                    }else{
                        item.put("type", "selector");
                        item.put("dimension", key);
                        item.put("value", values[i]);
                    }
                    fields.put(item);
                }
                filter.put("type", "or");
                filter.put("fields", fields);
            }else{
                if(key.equals("areatag_id")){
                    filter.put("type", "javascript");
                    filter.put("dimension", key);
            filter.put("function", "function(x) {
                            return ((''+x).indexOf('"+value+"')>-1) }");
                }else{
                    filter.put("type", "selector");
                    filter.put("dimension", key);
                    filter.put("value", value);
                }
            }
            filters.put(filter);
        }
    }
    return filters;
}
/**
 * postAggregation 函数规则
 * @param mts
 * @return
 * @throws JSONException
 */
public static JSONArray postAggregatorDivRule(JSONArray mts) throws JSONException {
    JSONArray rules = new JSONArray();
    for(int i=0;i<mts.length();i++){
        String metricName = mts.getString(i);
        JSONObject divRule  = new JSONObject();
        divRule.put("type","arithmetic");
        divRule.put("name",metricName);
        //除运算结果需要乘以 100 生成百分率
        divRule.put("fn","*");
        JSONObject fieldJson1 = new JSONObject();
        fieldJson1.put("type","arithmetic");
        fieldJson1.put("name","div");
        fieldJson1.put("fn","/");
        JSONArray arr = new JSONArray();
        //点击率 click_rate =点击量 click_cnt/pv_cnt 曝光量
```

```java
        if(metricName.equals("click_rate")){
            JSONObject fieldObj1 = new JSONObject();
            fieldObj1.put("type","fieldAccess");
            fieldObj1.put("name","click_cnt");
            fieldObj1.put("fieldName","click_cnt");
            JSONObject fieldObj2 = new JSONObject();
            fieldObj2.put("type","fieldAccess");
            fieldObj2.put("name","pv_cnt");
            fieldObj2.put("fieldName","pv_cnt");
            JSONArray fieldsArray = new JSONArray();
            fieldsArray.put(fieldObj1);
            fieldsArray.put(fieldObj2);
            fieldJson1.put("fields",fieldsArray);
        }
        JSONObject fieldJson2 = new JSONObject();
        fieldJson2.put("type","constant");
        fieldJson2.put("name","const");
        fieldJson2.put("value",100);
        arr.put(fieldJson1);
        arr.put(fieldJson2);
        divRule.put("fields",arr);
        rules.put(divRule);
    }
    return rules;
}


/**
 * @param queryType 查询类型
 * @param datasource 数据源
 * @param intervals 查询时间段
 * @param dimensions 显示维度
 * @param reportType 报表类型
 * @param filter 过滤条件
 * @param aggregations
 * @return
 * @throws JSONException
 */
public static JSONObject basicRuleConfig(String queryType, String datasource
                ,String intervals, String dimensions, String reportType
                ,JSONObject filter,JSONArray aggregations)
                    throws JSONException {
    /**************** 基础配置 *****************/
    JSONObject queryRuleConfig = new JSONObject();
    queryRuleConfig.put("queryType", queryType);
    queryRuleConfig.put("dataSource", datasource);
    if(reportType !=null && reportType.equals("month")){
        JSONObject granularityConfig = new JSONObject();
        granularityConfig.put("type", "period");
        granularityConfig.put("period", "P1M");
        queryRuleConfig.put("granularity", granularityConfig);
```

```
        }else{
            queryRuleConfig.put("granularity", reportType);
        }

        JSONArray itl = new JSONArray();
        itl.put(intervals);
        queryRuleConfig.put("intervals", itl);
        /**************** 查询维度规则配置 ****************/
        // 字符串类型的维度转换成数组形式
        if(dimensions != null && !dimensions.equals("")){
            JSONArray dimensionArray = new JSONArray();
            if(dimensions.contains(",")){
                String[] dsarray = dimensions.split(",");
                if(dsarray.length > 0){
                    for(int i=0;i<dsarray.length;i++){
                        dimensionArray.put(dsarray[i]);
                    }
                }
            }else{
                dimensionArray.put(dimensions);
            }
            queryRuleConfig.put("dimensions", dimensionArray);
        }
        /**************** 过滤条件配置 ****************/
        if(filter != null && filter.length() > 0){
            queryRuleConfig.put("filter", filter);
        }
        /**************** 聚合计算配置 ****************/
        if(aggregations != null && aggregations.length() >0 ){
            queryRuleConfig.put("aggregations", aggregations);
        }
        return queryRuleConfig;
    }
```

8.3　小结

本章通过需求分析、架构设计、功能实现三个方面介绍了 Druid 如何完成一整套数据平台的开发过程。Druid 还有其他很多场景可以使用，比如利用 Druid 按时间顺序存储的特性可以应用到监控系统的指标存储分析等。

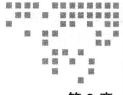

第9章 *Chapter 9*

监控系统

监控系统在整个系统架构中的地位非常重要，一款优秀的监控系统能够帮助开发和运维人员第一时间发现问题，做到"早发现早治疗"，甚至在问题未出现之前提前预警避免问题的发生。开源的监控系统种类很多，包含监控指标采集、存储、可视化等，下面详细介绍通过 JMXTrans、InfluxDB、Grafana 构建一套完整的监控系统。监控系统基础架构如图 9-1 所示。

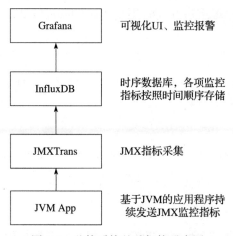

图 9-1　监控系统基础架构示意图

9.1　InfluxDB

InfluxDB 是一款开源分布式时序数据库，非常适合存储监控系统收集的指标数据。时序数据库顾名思义是按照时间顺序存储指标数据，由于监控系统的场景大部分是按照时间顺序存储各项指标数据的特性，过期时间太长的指标可能将不会再关注，为了提高数据库的存储率，提高查询性能，过期指标需要定期删除。InfluxDB 的诸多特性非常适合监控系统的使用场景。

9.1.1 InfluxDB 简介

InfluxDB 特点：

1）支持类 SQL 查询语句。

2）简单易用的可视化管理。

3）支持灵活的数据保留策略，用户根据数据库存储数据的特点自定义保留策略。

4）多副本。

核心概念：

❑ database：数据库名称，默认数据库"_internal"。

❑ measurement：等同于传统数据库中表的概念。

❑ point：measurement 中的一行数据，包含 tag、field、time。

❑ tag：维度值，常用于查询语句中的限制条件过滤，写入时如果有多个 tag 用逗号隔开。

❑ field：统计项 key-value 指标键值对，写入时如果有多个 tag 用逗号隔开。

❑ time：时间戳，如果写入的数据没有传入时间戳，系统会采用运行的服务器时间。

❑ retention policy：保留策略，默认保留策略为永久。

更多详细信息请参考 Github InfluxDB 项目地址：https://github.com/influxdata/influxdb。

9.1.2 InfluxDB 安装

安装环境：操作系统 CentOS6.6，JDK1.7，内存 128G，InfluxDB-0.11.1-1.x86_64 版本。使用 RPM 方式安装 InfluxDB。

（1）下载 RPM 安装包

```
wget http://influxdb.s3.amazonaws.com/influxdb-0.11.1-1.x86_64.rpm
```

（2）安装

```
rpm -iinfluxdb-0.11.1-1.x86_64.rpm
```

安装完成后查看启动脚本 /etc/init.d/influxdb 获取如下运行配置信息，可根据实际情况修改。

配置文件目录：/etc/opt/influxdb/influxdb.conf

PID 文目录：/var/run/influxdb/influxd.pi

日志目录：/var/log/influxdb/influxd.log

（3）配置

修改配置文件：

```
vim /etc/opt/influxdb/influxdb.conf
# 元数据配置信息
[meta]
# 元数据存储目录
dir = "/var/opt/influxdb/meta"
# 绑定的 hostname
hostname = "192.168.1.1"
# 监听端口号
bind-address = ":8088"
retention-autocreate = true
election-timeout = "1s"
heartbeat-timeout = "1s"
leader-lease-timeout = "500ms"
commit-timeout = "50ms"
# 数据存储路径
[data]
dir = "/var/opt/influxdb/data"
# WAL 日志文件路径
wal-dir = "/var/opt/influxdb/wal"
wal-enable-logging = true
[admin]
enabled = true
# Web UI 端口号
bind-address = ":8083"
# HTTP API 配置信息
[http]
# 启动 HTTP API
enabled = true
# 监听 HTTP 访问端口号
bind-address = ":8086"
# 启用权限控制
auth-enabled = false
```

（4）启动 InfluxDB

```
/etc/init.d/influxdb start
```

显示如下信息表示启动完成：

```
Starting the process influxdb [ OK ]
influxdb process was started [ OK ]
```

（5）关闭 InfluxDB

```
/etc/init.d/influxdb stop
```

显示如下信息表示关闭完成：

```
influxdb process was stopped [ OK ]
```

（6）查看 InfluxDB 运行状态

```
/etc/init.d/influxdb status
```

显示如下信息表示 InfluxDB 正常运行信息：

```
influxdb Process is running [ OK ]
```

（7）权限管理

InfluxDB 默认没有开启权限控制，如果需要开启权限控制，首先连接 InfluxDB 创建管理管理员用户。用户名为 admin，密码为 admin，具有所有管理权限。

```
CREATE  USER  admin  WITH  PASSWORD  'admin'  WITH ALL PRIVILEGES
```

断开 InfluxDB 连接，修改配置文件 influxdb.conf，设置 auth-enabled = true 开启权限控制，重启 InfluxDB。

9.1.3 InfluxDB 操作

1. 可视化管理

InfluxDB 提供了简单易用的可视化管理 UI，在浏览器中输入访问 192.168.1.1:8083，点击右上角设置图标即可设置 InfluxDB 连接信息。

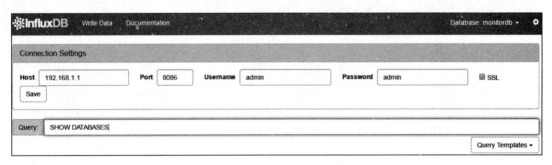

图 9-2　设置 InfluxDB 连接信息

在右侧的 "Query Templaes" 下拉框中提供了非常丰富的管理命令，通过选择不同的管理命令会在中间 "Query" 的查询框中显示被选中的管理命令的使用语法，点击回车执行。

InfluxDB 常用管理命令如下：

（1）创建数据库

```
CREATE DATABASE "db_name"
```

（2）删除数据库

```
DROP DATABASE "db_name"
```

（3）删除表

```
DROP MEASUREMENT cpu_load_short1
```

（4）创建保留策略

InfluxDB 的保留策略是针对数据库设置的，只要数据库创建了新的保留策略并且设置为默认保留策略，则该数据库下的所有表都执行新的保留策略。保留策略作用是设置数据的保留时间，如果超过保留策略的时间段则数据过期被删除弃用。

图 9-3 管理命令

（5）创建新的保留策略格式

```
CREATE RETENTION POLICY<retentionpolicy> ON <database> DURATION <duration>
REPLICATION <n> [DEFAULT]
```

关键参数说明：

❑ retentionpolicy：保留策略名称。

❑ database：作用的数据库名称。

❑ DURATION：保存时长，格式为 1h，30m，7d，分别表示 1 小时，30 分钟，7 天。

❑ REPLICATION：副本数。

❑ DEFAULT：是否默认保留策略。

（6）删除保留策略

```
DROP RETENTION POLICY "rp_name" ON "db_name"
```

（7）插入数据

点击"Write Data"菜单项，弹出写入数据编辑窗口，输入写入数据语句，如图9-4所示。

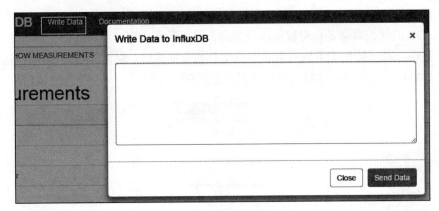

图9-4 输入写入数据语句

2. HTTP API

InfluxDB 提供了 HTTP API，通过 curl 发送 HTTP 请求与 InfluxDB 交互。

（1）创建数据库

```
curl -XPOST 'http://192.168.1.1:8086/query' --data-urlencode "q=CREATE DATABASE
monitordb"
```

（2）删除数据库

```
curl -XPOST 'http://192.168.1.1:8086/query' --data-urlencode "q=DROP DATABASE
monitordb"
```

（3）插入数据

```
curl -XPOST 'http://192.168.1.1:8086/write?db=monitordb' \
-d 'yarn_queue_source,queur_name=ad used_memory=12345,total_memory=45678
1483200000000'
```

说明：

❑ yarn_queue_source：插入的表名。

❑ queur_name：tag 名称，多个 tag 之间用逗号隔开。

❑ used_memory 和 total_memory：field 名称，多个值之间用逗号隔开。

❑ 1483200000000：时间戳，每一条插入的数据都必须包含。

（4）查询

```
curl -G http://192.168.1.1:8086/query?pretty=true --data-urlencode "db=monitordb" \
--data-urlencode "q=SELECT used_memory FROM yarn_queue_source WHERE queur_
name='ad' AND time < now() -1h"
```

说明：查询上一个小时"ad"队列的内存使用情况。

9.1.4 InfluxDB 客户端

1. 获取 InfluxDB 连接

```
if(username== null && password == null){
    influxdbClient = InfluxDBFactory.connect("http://"+ this.ip + ":" + this.port);
    Pong pong = influxdbClient.ping();
    if (pong != null) {
        System.out.println("Pong : " + pong);
    }
}else{
    influxdbClient = InfluxDBFactory.connect("http://"+ this.ip + ":" + this.port,
                                            this.username, this.password);
    Pong pong = influxdbClient.ping();
    if (pong != null) {
        System.out.println("Pong : " + pong);
    }
}
```

2. 插入入单条数据

```
public void writeOutput(Map data) {
    String database = (String)data.get("database");        // 数据库名称
    String retention = (String)data.get("retention");      // 保留策略
    String measurement = (String)data.get("measurement");  // 表名
    Map tags = (Map)data.get("tags");                      // 标签（索引）键值对列表
    Map fields = (Map)data.get("fields");                  // 监控指标键值对列表
    if(retention == null || retention.equals("")){         // 如果保留策略为空则采用默认策略
        retention = "default";
    }
    Point point = Point.measurement(measurement)
                    .tag(tags)
                    .time(System.currentTimeMillis(), TimeUnit.MILLISECONDS)
        .fields(fields)
        .build();
    influxdbClient.write(database,retention,point);
}
```

3. 批量插入数据

```
public class InfluxDBInfoBean {
    private static String host;
    private static int port;
    private static String userName;
    private static String passWord;
    private static String database;
    private static String measurement;
    private static Map tags;
```

```
        private static String retentionPolicy;
        private static ConsistencyLevel consistencyLevel;
        public static String getHost() {
            return host;
        }
        public static void setHost(String host) {
            InfluxDBInfoBean.host = host;
        }
        ...
        ...
    }
    public void batchWriteOutput(InfluxDBInfoBean dbInfo,List<Map> datas) {
        if(datas != null){
            BatchPoints batchPoints = BatchPoints.database(dbInfo.getDatabase())
                                .retentionPolicy(dbInfo.getRetentionPolicy())
                                .consistency(dbInfo.getConsistencyLevel())
                                .build();
            Map dbTags = dbInfo.getTags();
            for(int i=0;i<datas.size();i++){
                Map data = datas.get(i);
                Map tags = (Map)data.get("tags");
                if(dbTags != null){
                    // 将配置文件中设置的 tags 添加到数据中的 tags
                    tags.putAll(dbTags);
                }
                Map fields = (Map)data.get("fields");
                Point point = Point.measurement(dbInfo.getMeasurement())
                            .tag(tags)
                            .time(System.currentTimeMillis(),TimeUnit.MILLISECONDS)
                            .fields(fields)
                            .build();
                batchPoints.point(point);
            }
            influxdbClient.write(batchPoints);
        }
    }
```

9.2 JMXTrans

JMX 是 Java Management Extensions 的简称，在 Java 应用程序中监控系统运行的状态信息，在日常的开发运维过程中通过分析 JMX 信息监控应用程序运行状态、优化程序、排查问题。JMXTrans 是一款开源的 JMX 指标采集工具，使用简单方便，无需编写代码，只需要配置文件就可以轻松收集大量应用的 JMX 指标数据。

9.2.1 JMXTrans 介绍

JMXTrans 提供了两种使用模式。第一种模式使用 JmxTransformer 引擎读取 JSON 配置文件，创建作业执行计划。在 JSON 配置文件中可以定义不限数量的监控服务器，执行 JMX 查询，每次执行的 JMX 查询可以使用多种类型的 OutputWriter 来输出其结果持久化存储。JmxTransformer 引擎采用多线程方式查询 JMX，在配置文件中通过设置启动的最大线程数提高并发查询能力。默认最多同时查询 10 台服务器。针对每个服务器的查询，还可以配置使用多个线程同时查询。

JmxTransformer 引擎包含输入端与输出端两部分，输入端与 JMX 服务器连接，查询 JMX 指标数据，输出端与外部持久化存储或者可视化工具连接，输入端与输出端之间通过 Socket 传输数据。

第二种模式使用 JMXTrans 提供的 API 来构建自己的应用程序，JMXTrans 使用 Jackson 库将 JSON 数据解析为 Java 对象模型，此模型主要由 JmxProcess、Server、Query、Result 对象组成。使用 API 调用查询请求后会返回一个结果列表。根据实际需求对返回结果数据定制化开发，完成不同应用场景的定制实现。

图 9-5 是 JMXTrans 原理示意图。

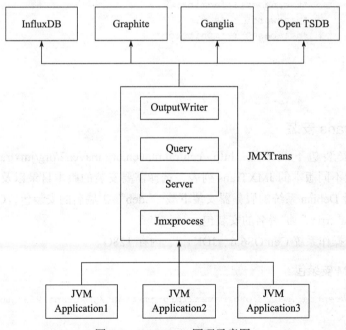

图 9-5　JMXTrans 原理示意图

JMXTrans 支持多种输出方式，分别有 GangliaWtiter、GraphiteWriter、OpenTSDBWriter、StdoutWriter、Log4JWriter、InfluxDBWriter 等，如此丰富的输出方式不需要修改任何代码，只需要简单的配置就可以完成。下面分别介绍 InfluxDBWriter 的使用方法来了解 JMXTrans 的配置方法。

InfluxDB 是一款开源的分布式时间序列数据库，JMXTrans 内置 InfluxDBWriter 连接 InfluxDB，不需要修改代码，只需要基本的配置信息就可以将采集到的指标数据写入到 InfluxDB 中持久化存储。

监听 192.168.1.1 服务器的 9999 JMX 端口，获取堆内存和非堆内存的使用信息，将采集到的指标数据写入到 InfluxDB 的 "monitordb" 数据库的 "jvm_memory" 表中，JSON 配置文件示例如下：

```
{
    "servers" : [ {
        "port" : "192.168.1.1",
        "host" : "9999",
        "queries" : [ {
            "obj" : "java.lang:type=Memory",
            "attr" : [ "HeapMemoryUsage", "NonHeapMemoryUsage" ],
            "resultAlias":"jvmMemory",
            "outputWriters" : [ {
                "@class" : "com.googlecode.jmxtrans.model.output.InfluxDbWriterFactory",
                "url" : "http:// 192.168.1.1:8086",
                "username" : "admin",
                "password" : "admin",
                "database" : "monitordb"
            } ]
        } ]
    } ]
}
```

9.2.2 JMXTrans 安装

JMXTrans 安装包下载地址：http://central.maven.org/maven2/org/jmxtrans/jmxtrans/，打开链接可以看到不同版本的 JMXTrans 列表，选择需要安装的版本目录以及需要安装的安装包。Ubuntu 或者 Debian 系统的服务器安装下载 ".deb" 扩展名的安装包，CentOS、Redora、RHEL 系统下载 ".rpm" 扩展名的安装包。

安装环境：操作系统 CentOS6.6、JDK1.7、内存 128G。

1. 下载 RPM 安装包

```
wget http://central.maven.org/maven2/org/jmxtrans/jmxtrans/263/jmxtrans-263.rpm
```

2. 安装

```
rpm -i jmxtrans-263.rpm
```

（1）相关目录说明

安装目录：/usr/share/jmxtrans

日志目录：/var/log/jmxtrans

JMX 采集服务 JSON 配置文件目录：/var/lib/jmxtrans

PID 目录：/var/run/jmxtrans

系统运行配置文件：/etc/jmxtrans/wrapper.conf

（2）设置堆内存分配情况

```
# 初始化分配的堆内存
wrapper.java.initmemory=256
# 最大堆内存
wrapper.java.maxmemory=512
```

3. 启动关闭

```
/etc/init.d/jmxtrans start
/etc/init.d/jmxtrans stop
```

9.2.3　JMXTrans 使用

JMXTrans 可以采用两种部署方式收集 Kafka 的 JMX 指标数据，监控 Kafka 的运行情况。第一种是分散式部署，所有 Kafka 的节点都安装上 JMXTrans，每个 JMXTrans 进程只收集本地的 JMX 指标。第二种是集中式部署，只在一台机器上部署 JMXTrans，同时收集所有需要监控的 Kafka 节点。我们采用第二种集中式部署的方式。

1. 开启 Kafka 的 JMX 监听

进入到 Kafka 安装路径 bin 目录下，编辑 kafka-run-class.sh 脚本，设置 KAFKA_JMX_OPTS 变量，添加如下信息，开启 JMX 监听，重启 Kafka。

```
-Dcom.sun.management.jmxremote
-Dcom.sun.management.jmxremote.port=9999
-Dcom.sun.management.jmxremote.authenticate=false
-Dcom.sun.management.jmxremote.ssl=false
```

2. 新建配置文件 kafka_jmx_2influxdb.json

Kafka 采用伪分布式部署，一个节点部署了三个 Kafka Broker，分别开启的 JMX 监听端口为 9997、9998、9999，同时监听三个 JMX 端口，收集堆内存和非堆内存使用情况。最终将收集的指标数据写入到 InfluxDB，配置文件中" resultAlias"选项设置的值作为表名，提前创建好数据库和保留策略。

```
{
    "servers" : [ {
        "port" : "9997",
        "host" : "192.168.1.1",
        "queries" : [ {
            "obj" : "java.lang:type=Memory",
            "attr" : [ "HeapMemoryUsage","NonHeapMemoryUsage"],
            "resultAlias":"jvm_memory",
            "outputWriters" : [ {
                "@class" : "com.googlecode.jmxtrans.model.output.InfluxDbWriterFactory",
```

```
                "url" : "http:// 192.168.1.1:8086/",
                "username" : "admin",
                "password" : "admin",
                "database" : "monitordb",
                "createDatabase" : "false",
                "retentionPolicy":"three_days"
            } ]
        }]
    },
    {
        "port" : "9997",
        "host" : "192.168.1.1",
        "queries" : [ {
            "obj" : "java.lang:type=Memory",
            "attr" : [ "HeapMemoryUsage","NonHeapMemoryUsage"],
            "resultAlias":"jvm_memory",
            "outputWriters" : [ {
                "@class" : "com.googlecode.jmxtrans.model.output.InfluxDbWriterFactory",
                "url" : "http:// 192.168.1.1:8086/",
                "username" : "admin",
                "password" : "admin",
                "database" : "monitordb",
                "createDatabase" : "false",
                "retentionPolicy":"three_days"
            } ]
        } ]
    },
    {
        "port" : "9999",
        "host" : "192.168.1.1",
        "queries" : [ {
            "obj" : "java.lang:type=Memory",
            "attr" : [ "HeapMemoryUsage","NonHeapMemoryUsage"],
            "resultAlias":"jvm_memory",
            "outputWriters" : [ {
                "@class" : "com.googlecode.jmxtrans.model.output.InfluxDbWriterFactory",
                "url" : "http:// 192.168.1.1:8086/",
                "username" : "admin",
                "password" : "admin",
                "database" : "monitordb",
                "createDatabase" : "false",
                "retentionPolicy":"three_days"
            } ]
        }]
    }]
}
```

📖 **注意** JMXTrans0.11 版本取消了如果数据库不存在自动创建的功能，需要设置 createDatabase 为 false，如果设置为 true 将提示如图 9-6 所示的错误。

```
[jmxtrans-result-6] 944888 WARN  (com.googlecode.jmxtrans.jmx.ResultProcessor$1:60)
 - Could not write results [Result(attributeName=HeapMemoryUsage,
 className=sun.management.MemoryImpl, objDomain=java.lang,
 typeName=type=Memory, values={max=1073741824, committed=1073741824,
 init=1073741824, used=796838432}, epoch=1489492253876, keyAlias=jvmMemory)]
 of query Query(objectName=java.lang:type=Memory, keys=[],
 attr=[HeapMemoryUsage], typeNames=[], resultAlias=jvmMemory, useObjDomainAsKey=false,
 allowDottedKeys=false, useAllTypeNames=false, outputWriterInstances=[com.googlecode.jmxtrans
 .model.output.support.ResultTransformerOutputWriter@13c473b6]) to output writer com.googlecode
 .jmxtrans.model.output.support.ResultTransformerOutputWriter@13c473b6
 java.lang.RuntimeException: Method Not Allowed
    at org.influxdb.impl.InfluxDBImpl.execute(InfluxDBImpl.java:266)
    at org.influxdb.impl.InfluxDBImpl.createDatabase(InfluxDBImpl.java:230)
    at com.googlecode.jmxtrans.model.output.InfluxDbWriter.doWrite(InfluxDbWriter.java:151)
    at com.googlecode.jmxtrans.model.output.support.ResultTransformerOutputWriter.
    doWrite(ResultTransformerOutputWriter.java:52)
    at com.googlecode.jmxtrans.jmx.ResultProcessor$1.run(ResultProcessor.java:58)
    at java.util.concurrent.Executors$RunnableAdapter.call(Executors.java:473)
    at java.util.concurrent.FutureTask.run(FutureTask.java:262)
    at java.util.concurrent.ThreadPoolExecutor.runWorker(ThreadPoolExecutor.java:1145)
    at java.util.concurrent.ThreadPoolExecutor$Worker.run(ThreadPoolExecutor.java:615)
```

图 9-6　系统报错

3. 启动 /etc/init.d/jmxtrans start

在 "monitordb"数据库中执行 "SHOW MEASUREMENTS"查看是否有新创建的表 "jvm_memory",如图 9-7 所示。

图 9-7　查询是否有新建的表 jvm_memory

查询收集的监控指标数据是否正常,如图 9-8 所示。

Query:	select * from jvm_memory								

jvm_memory

time	jmx_port	attributeName	className	committed	hostname	init	max	objDomain	typeName	used
2017-03-14T16:55:28.985Z	9997	"HeapMemoryUsage"	"sun.management.MemoryImpl"	1073741824	"10.148.12.40"	1073741824	1073741824	"java.lang"	"type=Memory"	465896976
2017-03-14T16:55:28.985Z	9997	"NonHeapMemoryUsage"	"sun.management.MemoryImpl"	30932992	"10.148.12.40"	23527424	136314880	"java.lang"	"type=Memory"	29862504
2017-03-14T16:55:36.333Z	9999	"HeapMemoryUsage"	"sun.management.MemoryImpl"	1073741824	"10.148.12.40"	1073741824	1073741824	"java.lang"	"type=Memory"	675571976
2017-03-14T16:55:36.333Z	9999	"NonHeapMemoryUsage"	"sun.management.MemoryImpl"	27918336	"10.148.12.40"	23527424	136314880	"java.lang"	"type=Memory"	27404592
2017-03-14T16:56:28.764Z	9997	"HeapMemoryUsage"	"sun.management.MemoryImpl"	1073741824	"10.148.12.40"	1073741824	1073741824	"java.lang"	"type=Memory"	526714384

图 9-8　查询收集的监控指标数据是否正常

9.3 Grafana

Grafana 是一款开源指标分析和可视化框架，是目前使用比较广泛的监控系统可视化工具，提供了丰富的数据源，具有监控报警，个性化定制 Dashboard 等功能。

9.3.1 Grafana 安装

Grafana 安装的非常简单，只需几步就可以轻松完成，下面介绍 Grafana 的安装过程。

（1）下载安装包

```
wgethttps://grafanarel.s3.amazonaws.com/builds/grafana-4.1.2-1486989747.linux-x64.tar.gz
```

（2）解压安装

```
tar -zxvf grafana-4.1.2-1486989747.linux-x64.tar.gz
```

重命名：

```
mv grafana-4.1.2-1486989747grafana-4.1.2
```

创建软连接：

```
ln -s /data/grafana-4.1.2 /usr/local/grafana
```

编写配置文件：

进入到 grafana 安装目录，复制自带的 sample.ini 配置文件 server.ini。

```
cd /usr/local/grafana
cp conf/sample.ini conf/custom.ini
```

修改配置文件中关键配置信息：

日志文件路径：

```
logs = /usr/local/grafana/log
plugins = /usr/local/grafana/plugins
```

HTTP 访问信息：

```
http_port = 18000
domain = 192.1681.1
```

数据库配置，存储元数据，数据库可以选择 MySQL 和 sqlite3，默认使用 sqlite3，建议使用 MySQL：

```
type = sqlite3
host = 127.0.0.1:3306
name = grafana
user = root
password =
```

Grafana 的管理员用户名和密码：

```
admin_user = admin
admin_password = admin
```

添加报警邮件信息：

```
[smtp]
enabled = true
host = 192.168.1.1:25
user = alert
password = alert
from_address = alert@.com
```

skip_verify = true # 默认是 false，一定要改成 true，否则报错 " EROR[01-04|16:01:18] Failed to send alert notification email"

（3）启动

```
bin/grafana-server start -config conf/server.ini
```

详细安装信息请参考官网文档：http://docs.grafana.org/installation/。

9.3.2 Grafana 使用

浏览器中访问配置文件中设置的访问地址 http:// 192.168.1.1:18000/login，使用管理员用户登录，如图 9-9 所示。

图 9-9 Grafana 登录界面

1. 接入 InfluxDB 数据源

Grafana 可以接入的数据源非常丰富，目前可以接入的数据源有 Graphite、Elasticsearch、InfluxDB、OpenTSDB 等主流时序数据库和数据检索系统。添加数据源的配置非常简单，下面以接入 InfluxDB 为例。

1）点击左上角 Grafana 图标显示下拉菜单，选择 DataSource 选项，在数据源管理页面下会显示所有已经添加的数据源，如图 9-10 所示。

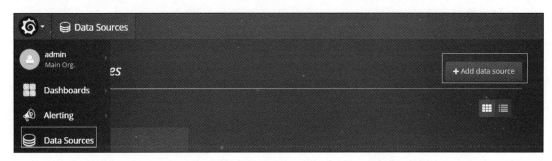

图 9-10　数据源管理页面

2）新增数据源，点击右上角"Add data source"按钮会跳转到数据源配置页面，如图 9-11 所示。

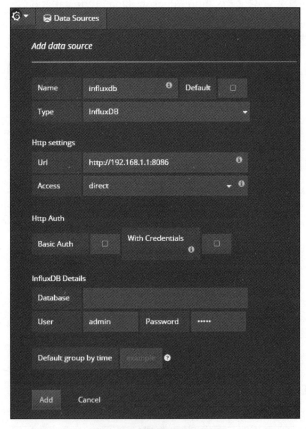

图 9-11　数据源配置页面

❑ 需要添加的配置信息：

❑ Name：数据源名称，自定义。

❑ Type：从下拉框中选择接入的数据源类型。

❑ Url：InfluxDB 访问地址，默认端口号是 8086。

❑ Access：选择直接连接还是使用代理连接。

❑ Database：连接 InfluxDB 的数据库名称。

❑ User：访问 InfluxDB 的用户名。

❑ Password：访问 InfluxDB 的密码。

关键信息配置完成后点击"Add"按钮即完成数据源的添加。

2. 添加 Dashboard

1）点击左上角 Grafana 图标显示下拉菜单，选择"Dashboards → New"菜单项新建 dashboard，如图 9-12 所示。

2）在新建的 Dashboard 编辑页面有四个区域可以操作，包括行控制菜单、控制面板、查询时间范围、添加新行。

行控制菜单在整个页面中上部的最左边，鼠标移到菜单上会出现可使用的菜单选项，六个菜单项的功能依次是：折叠、添加控制面板、行属性操作、向上移动、向下移动、删除，如图 9-13 所示。

图 9-12　新建 Dashboard

图 9-13　行控制菜单

Grafana 在 Panel 中可以添加 Graph、Singlestat、Table、Text、Alert List、Dashboard List、Plugin List 多种可视化方式，如图 9-14 所示。

图 9-14　Panel 中已提供的可视化组件

下面介绍在 Panel 中添加 Graph 指标图形化展示。

在 Panel 中点击"ADD ROW"按钮，在弹出来的可视化选择列表中选择 Graph 图形化展示，单击"Panel Title"标题弹出编辑菜单，选择"Edit"编辑按钮，如图 9-15 所示。

图 9-15 "Panel Title"下的编辑菜单

标题属性设置如图 9-16 所示。

图 9-16 Panel 图形常规设置

X 轴、Y 轴设置如图 9-17 所示。

图 9-17 Panel 图形坐标设置

标注设置如图 9-18 所示。

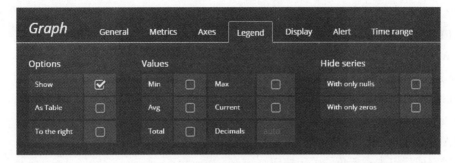

图 9-18　Panel 图形标注设置

展示图形设置如图 9-19 所示。

图 9-19　Panel 图形属性设置

关键指标配置如图 9-20 所示。

图 9-20　Panel 图形指标配置

❑ A：查询名称。

❑ FROM：设置保留策略，数据表。

❑ WHERE：过滤条件。

❑ SELECT：设置展示的关键指标、使用的函数、别名等。

❑ GROUP BY：设置按照时间分区。

❑ Panel data source：选择数据源。

❑ Add query：继续添加查询。

设置完成后点击右上角的关闭按钮。

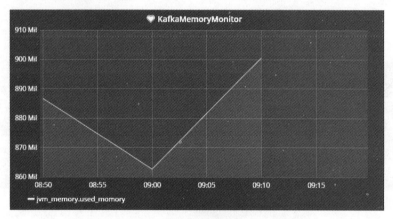

图 9-21　演示图形

在顶端菜单栏的左边可以设置刷新时间和查询时间范围，如图 9-22 所示。

图 9-22　时间设置

3. 监控报警设置

首先配置报警服务器，在 conf 目录下的配置文件中添加如下报警邮箱信息：

```
[smtp]
enabled = true
host = 192.168.1.1:25
user = alert
password = alert
from_address = alert@alert.com
```

skip_verify = true # 默认是 false，一定要改成 true，不然会报错。

在可视化管理页面设置报警信息，设置接收报警人的邮箱（见图 9-23）：主菜单→ Alerting → New Notification。

图 9-23　设置邮件报警

选择报警类型为 email，在 EmailAddress 文本框中填写接收报警邮件的邮箱，如果需要多个邮箱接收报警邮件，多个邮箱之间用 ";" 隔开，如图 9-24 所示。

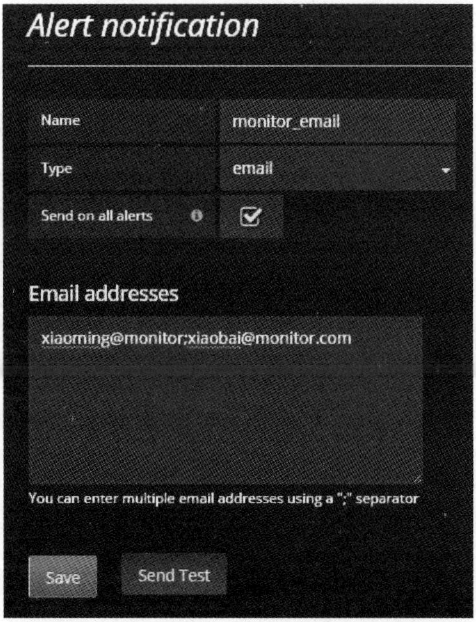

图 9-24　邮箱报警设置

单击 "Send Test" 按钮测试能否成功接收报警邮件。在配置的接收报警的邮箱中会收到一封报警测试邮件，如图 9-25 所示。

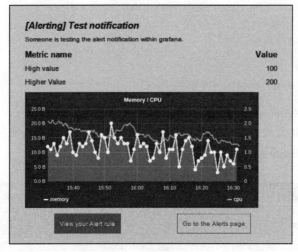

图 9-25 报警测试邮件

在 dashboard 中针对需要报警的监控设置报警信息。

 注意 需要设置报警的监控返回值必须是单个值，不支持多值的情况。

单击报警图标的标题位置，在弹出的菜单中选择 Edit 按钮，如图 9-26 所示。

图 9-26 添加报警

在图表下方显示编辑操作界面，选择"Alert"标签设置报警信息，如图 9-27 所示。

配置报警信息：

❑ Name：报警名称。

❑ Evaluate every：检测频率，默认 60s。

❑ WHEN：后边添加聚合函数。

❑ OF：后边添加查询规则。

❑ query(A,10m,now)：A 是在 Metrics 中设置的查询名称，10m 是可选的，表示对 10 分钟的数据进行计算，now 是执行检测的时间。

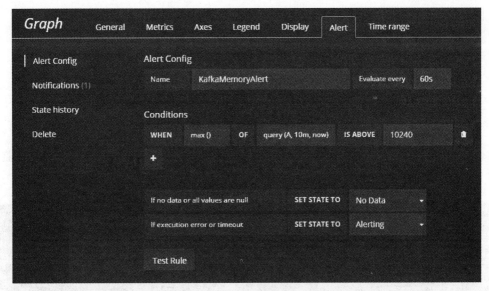

图 9-27　报警设置

query 中 A 的由来，可以切换到 SQL 语句显示，如图 9-28 所示。

图 9-28　查询名称设置

❑ IS ABOVE：阈值，可以手动输入也可以在图形上拖拽"心"图标来设置。

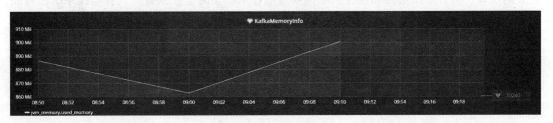

图 9-29　图形阈值设置

图 9-30 中的两项配置分别表示没有查到数据和返回错误的处理方式。

图 9-30　异常处理设置

监控报警设置完成后会在标题位置出现一个心形图标，表示该指标图形已经添加监控，如图 9-31 所示。

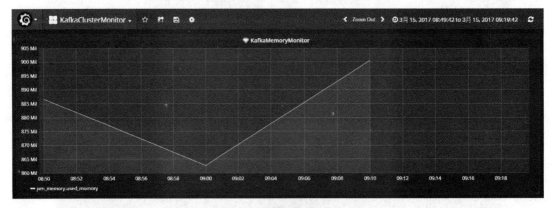

图 9-31　监控报警演示图

> 注意 关于报警的详细配置请参考 http://docs.grafana.org/alerting/rules/。

9.4　小结

本章通过使用时序数据库 InfluxDB、JMX 指标采集工具 JMXTrans、数据可视化工具 Grafama 搭建了一套完整的基于 JMX 的监控系统。监控系统在公司整个系统架构中处于非常重要的位置，各种系统指标和任务状态都需要监控系统实时监控预警，只有监控系统做得强大才能保障线上各业务系统的稳定运行，才能保证提供稳定、高效的系统服务。监控系统的实现有很多种，可使用的技术也很多，希望通过本章的讲解，能够帮助大家理解监控系统的重要性。

推荐阅读

大数据系统构建：可扩展实时数据系统构建原理与最佳实践

作者：南森·马茨 等 译者：马延辉 等 书号：978-7-111-55294-9 定价：79.00元

Storm之父，前Twitter的首席工程师撰写，
从系统构建的角度全面、透彻分析企业团队如何更好地利用大数据系统

本书教你使用一种专门设计用来获取和分析网络规模数据的架构去构建大数据系统——Lambda架构，它是一种可扩展的、易于理解的、可以被小团队用来构建和运行大数据系统的方法。除了与你分享Lambda架构的相关知识，本书还给出了相应的示例，将"理论应用于实践"，助你更好地"认识"Lambda架构，更好地将其应用到工作中。

超越了个别工具或平台。任何从事大数据系统工作的人都需要阅读。

—— Jonathan Esterhazy, Groupon

一次全面的、样例驱动的Lambda架构之旅，由Lambda架构的发起人为您指导。

—— Mark Fisher, Pivotal

内含只有在经历许多大数据项目后才能获得的智慧。这是一本必须阅读的书。

—— Pere Ferrera Bertran, Datasalt

推荐阅读